故事里的广告营销史

赵义 ◎ 著

U0299271

清华大学出版社

北京

内 容 简 介

移动互联网时代，广告营销行业发生了天翻地覆的变革。为了帮助广大从业者洞察行业本质，学习经典方法，本书以时间为线索，回顾了全球广告营销行业历代大师的思想，并配以经典案例进行深度分析。本书语言生动，故事性较强，能帮助读者轻松了解行业精髓，提升业务实操能力。

本书适合广告营销行业的策划师、设计师、文案及创业者阅读。

图书在版编目（CIP）数据

故事里的广告营销史 / 赵义著 . —北京：清华大学出版社，2024.5
ISBN 978-7-302-66272-3

Ⅰ.①故… Ⅱ.①赵… Ⅲ.①广告－市场营销－商业史 Ⅳ.① F713.86

中国国家版本馆 CIP 数据核字 (2024) 第 096504 号

责任编辑：杜 杨
封面设计：郭 鹏
版式设计：方加青
责任校对：徐俊伟
责任印制：丛怀宇

出版发行：清华大学出版社
　　　　　　网　　址：https://www.tup.com.cn，https://www.wqxuetang.com
　　　　　　地　　址：北京清华大学学研大厦 A 座　　　　邮　编：100084
　　　　　　社 总 机：010-83470000　　　　　　　　　邮　购：010-62786544
　　　　　　投稿与读者服务：010-62776969，c-service@tup.tsinghua.edu.cn
　　　　　　质 量 反 馈：010-62772015，zhiliang@tup.tsinghua.edu.cn
印 装 者：北京鑫海金澳胶印有限公司
经　　销：全国新华书店
开　　本：148mm×210mm　　　**印　张：**6.25　　　**字　数：**170千字
版　　次：2024 年5月第 1 版　　　**印　次：**2024 年5月第 1 次印刷
定　　价：59.00元

产品编号：084344-01

前　言

　　在广告营销界，"历史"常常为人所不齿，人们往往都在关注"未来"。然而，掌握一个事物的基本规律，最好的入门方法，一个是分门别类，另一个便是知晓它发展的历史。

　　对于广大品牌、营销、广告、策划行业的人员来说，了解广告营销史是很有必要的。但大多数广告营销史方面的书籍都不太人性化。更直接的方法是将广告营销历代大师的名著，从古读到今，只是很费时。好在我从工作的第二年就开始这样做了，笨拙地花了十五年时间，也算将所有能买到的广告名著读了个遍。结合工作中的见识与心得，现在试图理出一个思想传承脉络清晰的广告营销史，将从过去到现在的广告营销思想传承说个明白！

　　为什么很多讲广告史的书说得不明白呢？除了表述技法之外，更多的是因为没有说清楚时代背景，让现在的读者不能代入当时的环境，始终是个局外人，自然就不能理解为什么现在看来不值一提的某种概念在当时却如此轰动！

　　需要说明的是，思想和物质是发展的两极，互为推动力，争论是思想推动物质，还是物质推动思想，是没有意义的。但了解一些大家普遍不太关注的行业物质基础，对广告营销思想史的理解是非常必要的。

　　营销在最初有两个支柱，一个是各个地方有可以销售产品的商店，另一个是各个地方有可以发布产品广告的媒体。这里我们先从媒体说起。大众媒体是广告营销行业兴起的物质基础，大众传播的媒介物质从开始到现在有三次大飞跃。

　　第一次是报纸的普及。

　　在报纸媒体大热的 19 世纪 30 年代之前，广告仅仅是一种近距离的贩卖昭示，比如远古中国的游街货郎，又如城乡商行的招牌与旗帜，或如店铺的精美橱窗。与远古中国类似，据《丰裕的寓言》描述：欧美广告最早起源于秘方药的推销，一些卖秘方药的小贩把药推销给女人时会采取各种夸张和故作神秘的手段。这种情况一直延续到我们这个时代。

但这些原始的广告形态无论如何具有引诱性，都有一条无法逾越的障碍，那就是时空限制。

当然不是说要古人穿越时空，而是说无论商品如何高大上，都无法在极短的时间内，让全城或全省或全国的人知晓。所以，报纸媒体——特别是廉价报纸媒体首先在北美大热，让商品信息能在一天内传遍全国大街小巷。而在此之前，商家要想在店铺之外传播，还只能一家一户地推销。报纸的出现，使广告业终于有了远程武器，推广效力大增，现代广告业由此开端。

第二次是电视的普及。

摩尔斯创造性地把二进制与电结合在一起，发明了摩尔斯电码。这一举攻破了当时科学家抓破头皮都没解决的如何靠电传输信息的超级难题，从此，电报得到快速普及。随后而来的广播，则让电波信号首次成为大众媒体，而之后的电视更是成了信息传播的流量之王。因为先有广播，然后才有图像的广播（电视），所以早期的很多电视台的名称叫作某某广播公司，如 NBC（全美广播公司）、CBS（哥伦比亚广播公司）、BBC（英国广播公司）……

第三次自然是互联网的普及。

互联网的出现，改变了信息传播的方式：从广撒网到精准投放，从单向传播变成了双向互动。互联网对营销传播的变革是个大课题，后面还会详细叙述。

现在，轮到广告营销史的历代大师们出场了。

作者

目　录

01
广告行业的初生

17世纪初，最早的大众媒体——报纸在北美得到普及。北美最早的广告公司，几乎全是报纸版面批发商。而最早在报纸上发布广告的却是本杰明·富兰克林。

富兰克林1729年创办了《宾夕法尼亚日报》，他在创刊号头版原本用来登载新闻的位置上了一个广告。此广告由富兰克林亲自制作，标题巨大，四周留白，开创了报纸广告应用艺术手法的先例。在他去世后，墓碑上只有简单的一句话："印刷工富兰克林"。

从便士报到广告代理商

最早采用批量印刷的报纸是1566年的《威尼斯新闻》，但当时报纸还没有得到普及。直到17世纪初的北美，出现了一类只卖1美分的报纸，被称为"便士报"，一经面市就迅速成为当时发行量最大的报纸。这类报纸只卖1美分的原因是广告费超过了读者的订阅费。

1841年，帕尔默兄弟创办了世界第一家广告公司，以兜售报纸广告版面为生，自称"广告代理商"。帕尔默兄弟的公司帮助报社销售广告版面，然后从广告费中抽取佣金。如同现在的房产中介一样，当年的报纸广告销售员也是时髦职业。

这个行业中的佼佼者当数罗威尔。他比帕尔默兄弟更进一步，与100多家报纸杂志签订合同，预订大批量的广告版面，再零售给客户，自定价格以赚取高额差价。他的经营额与业务量在当时处于顶级。

罗威尔广告公司与今天的媒介广告公司很相似了。他是第一个向媒体批量预订版面的代理商，他们通常在取得媒体信用后，会得到一个账期，在这个账期结束前找企业结款。这样企业无须先付款，报社无须担心收入，广告公司有了利润，三方皆大欢喜，行业快速做大。

1888年，罗威尔创办了第一本广告行业杂志《印刷者油墨》，该杂志制定了一套广告行业规则，后来这套规则被修改为27个州的广告法。

行业快速做大，然而企业主的需求并没有完全满足。一些机敏的广告代理商发现了这个问题，于是他们除提供传统广告版面外，还不断提供附加服务。其中以艾耶父子公司最为典型。

艾耶父子公司的革新

1869年，艾耶父子公司在费城成立。当时年仅20岁的年轻人魏兰德·艾耶向他父亲借了250美元开办广告公司，由于担心别人认为他年轻不可信，便借用他父亲的名义成立公司，即"艾耶父子广告公司"。

最初和所有的代理商一样，艾耶也是做报刊版面销售生意，他们常常参加激烈的竞标。在《拉斯克尔的广告历程》一书中描述了当时广告竞标的场景：

有一年，比素公司将全年要削减的费用开列出来，然后对四五个广告人说："这就是我的计划，现在坐下来出价吧。"于是，他们坐下来削尖铅笔，并报出各不相同的价格。在当时，智威汤逊控制了大部分妇女杂志的广告版面，这并不公开，但人人都知道。艾耶父子公司以同样的方式控制着所有的农业报纸，我的公司（指拉斯克尔所在的洛德暨托马斯公司）以同样的方式控制着全部宗教类报纸。所以取胜的诀窍就是使用客户名单并从中获取最多的东西。如果客户名单有足够多的出版商的名字，就可以冒险制定一个比其他人更低的价格。这就是当时的广告代理业。

从上面可以得知：当时所有代理商一直对广告价格进行严格保密，客户根本不知道基本出版发行价格。

而在 1890 年，艾耶打破了这一"传统"。他公开了自己的广告费率，告诉客户自己购买版面的底价，加上代理佣金形成报价。更重要的是他把媒介返还的代理费和企业支付的酬金比例固定在 15%。艾耶这一动作打破了传统，成为客户追捧的新范式。

不仅如此，艾耶父子公司还向客户提供广告附加服务，帮助客户制定广告策略与计划，撰写广告文案，设计广告版面，测定广告效果。这种由推销型转向服务型，还固定了 15% 佣金的全新商业模式，受到了企业界的欢迎，慢慢成为全行业的作业标准。

总的来说，艾耶父子公司主要有两大革新：一是将混乱的收费固定成了 15% 佣金；二是提供了完善的附加服务。可以说它开创了广告专业化服务的新时代，它让广告代理商从原来的版面批发商，变成了高精尖的服务工厂。

关于谁是世界上最早的广告代理公司，一直有两种说法。

一种是国内资料广泛采用的"1869 年成立的艾耶父子公司是世界上第一家现代广告公司"，另一种说法认为智威汤逊是最早的。智威汤逊的前身成立于 1864 年，这家卖宗教杂志广告版面的小公司于 1878 年被一个名叫詹姆斯·沃特·汤普森的年轻人收购，然后将公司名改成智威汤逊。如果拿智威汤逊的前身来算，它比艾耶父子公司还早诞生 5 年。（也有一种说法是汤普森是 1864 年进行的收购，目前我没有能力查证哪种说法准确。）

4A 的成立

1917 年，美国广告代理商协会成立。协会英文首字母缩写是

AAAA，因此加入该协会的广告代理商就是大名鼎鼎的"4A"广告公司。该组织最主要的协议就是约定广告公司收取的费用为客户媒体费用的 17.65%，以避免恶意竞争。

这里的 17.65% 为什么和上面所说的 15% 佣金不同呢？其实这两者是一回事，只是说法不同而已。17.65% 是佣金占媒体费用的比例，15% 是佣金占总费用的比例。举例来说，客户拿 1 亿元广告费，广告公司收取 15% 的佣金（1500 万元），剩下 8500 万元给媒体。1500 万元便是 8500 万元的 17.65%。

这样一来，媒体的费用是透明的，佣金是固定的。那么企业就不再以竞价来选择广告公司，而以策略创意为新标准来选择广告公司。广告公司争取客户的方式从"价格竞标"转向了"创意比稿"。

比稿在当时，企业应该是不付费的。这一"行规"传入中国后，让全行业又痛又爱。在 2018 年，中国有 21 家广告公司联合起来，抵制免费比稿。

为什么美国的广告公司热衷免费比稿，而中国的广告公司却深受其害呢？因为美国广告代理商协会属于行业垄断组织，企业可以发起免费比稿，但比了稿就只能按 17.65% 的佣金雇佣行业协会内的 4A 公司，这样即保住了高额利益，又保证了"肥水不流外人田"。

由此，一个现代化的广告行业已然万事俱备，从此成了一个成熟的行业。

当然，这并非一日功成，而是一个渐进的过程。在这个渐进的过程中，仍然少不了一些大人物对行业的推动。下面，我们来看看这些大人物的精彩生涯。

02
拉斯克尔：寻求广告的真谛

1900 年，年轻的拉斯克尔买下了他自己就职的洛德暨托马斯广告公司（FCB 博达大桥公司的前身，以下简称洛托公司），准备大干一场。

此时广告公司商业模式已被艾耶父子公司固化定型，看起来广告这座大厦什么都很完备，很难再有大的创新，也可以说广告效果被锁死在已有的框架内。

阿尔伯特·拉斯克尔

"不做总统，就做广告人"

拉斯克尔可不是一般的人物，他是后来被老罗斯福总统盛赞为"不做总统，就做广告人"的大人物。当时的广告业更像一家经纪行，靠为广告主制定广告发布日程表，让他们在上面花钱而挣钱，艾耶又增加了一些配套服务。但拉斯克尔还是觉得，这种广告生意持续不了多久。

应该说当时的媒介代理发布的业务模式已经非常成熟了，在计算机普及之前，它的效率已经达到极致。要想让广告效果再上一个台阶，只能从广告内容的创意上突破了。

拉斯克尔开始了广告创意的寻找之路。首先他想弄清楚究竟什么是广告。他向公司的老前辈请教，但老前辈们也说不清楚。因为当时的大多数广告公司只是版面销售者，他们没有必要知道什么是广告。于是，他去问当时的权威——艾耶父子广告公司，在《拉斯克尔的广告历程》一书中，记录下了这个有趣的故事。

艾耶父子公司有一句口号：坚持就会成功。拉斯克尔问："假设我开始就是错误的，而坚持做，我会得到什么结果呢？"对方说："那句口号的意思是朝着正确的方向不懈努力，就会获得成功。"

"那么，您能告诉我在广告中什么叫正确吗？"

"就是让你的名字始终在公众面前出现。"

拉斯克尔认为这不是一个好答案。就像一个爱尔兰人的故事：一个92岁的爱尔兰老人从小每天都要喝6杯烈性酒，老人的儿子将其长寿归因于他从未间断地饮酒。另一个人说他父亲在同样的年龄、以同样的方式喝酒，却只活到42岁。老人的儿子说，哦，这是因为他坚持的时间不够长。

"广告就是新闻"

洛托公司设计的鼓膜广告

此时，行业中有一家以火箭般的速度发展的新广告代理商（该公司后来也以火箭般的速度改行了）。拉斯克尔研究了该公司所做的广告，发现他们在报纸上登出来的所有广告，看起来与报纸的其他内容一模一样，用报纸的字体，像一个训练有素的记者那样讲故事。他们以新闻的方式，讲述那些商品的故事。

拉斯克尔看明白了，他们正在发布关于客户产品的新闻。于是他认为"广告就是新闻"，只不过它是传达商品信息的新闻。

信念真是个奇妙的东西，有信念与无信念，做出的成绩可以天差地别。拉斯克尔因为坚信"广告就是新闻"的信念，做出了一批卓越的广告。

其中比较经典的广告是为一个鼓膜厂家所作的《最聋的聋子》。洛托公司将人物照片作为主图，再配上"你听"的标题，让整个广告很有冲击力。不过洛托公司的元老们不清楚效果到底好不好，他们没有信心靠创意服务获得收益。但拉斯克尔确信广告就该这么做。

这个广告一直被该鼓膜厂家长期使用，他们的生意做得很火爆，拉斯克尔因此获得了持续的巨大收益，直到电子装置出现。

在初试牛刀之后，拉斯克尔常常感到一丝不安。因为当时广告是没有普世定义的，和拉斯克尔一样，更多理解了它的人也仅仅把它理解为新闻。

他们开始毫无节制地制造新闻。

结果，广告变得声名狼藉，受到全社会的普遍排斥，大多数银行家觉得做广告的生产商不值得信赖，因此一些生产商像搞阴谋诡计似的不让他的银行家见到那些广告。

直到拉斯克尔遇到了一个人。

03
约翰·肯尼迪：纸上推销术

拉斯克尔遇到了谁？

拉斯克尔遇到了约翰·肯尼迪。

1904 年，肯尼迪告诉拉斯克尔，广告不是新闻，新闻只不过是广告的一种表现手法，广告的终极奥义是——"纸上推销术"。

这几个字深刻地改变了广告业。它让行业先贤们觉醒了：广告不仅仅是在媒体上发布企业口号的高音比赛，重要的是要有推销之术融入其中，最终促成用户的购买行为。

修改 1900 洗衣机广告

这样说可能有些空洞，好在肯尼迪用一个超级案例让拉斯克尔心悦诚服。

原来的 1900 洗衣机广告

这个超级案例是 1900 洗衣机。它原来的广告是一个妇女被链子拴在洗衣盆上，标题便是"你是否被拴在洗衣盆上"。

这个广告的正文是：

别把自己拴在洗衣盆上，你会未老先衰。为您奉上采用新原理制造的新式洗衣盆。它省时省钱。30 天试用，先付 2 美元，余额分期付款，每周 2 美元，6 周付完。1900 洗衣机公司。

怎么样，这个广告初看是不是还挺不错。按照一般专业人士的观点：此广告标题和图片有创意，能吸人眼球，用夸张的手法指出了利益点，介绍了产品特色，最后还附上了促销办法，真是一个完美的广告啊！

但约翰·肯尼迪说："如果你想卖出商品的话，这个广告一无是处。"

他的理由有五点：①每个妇女都不会认为自己是被拴在洗衣盆上；②她们不愿意这样被轻视；③对产品能干什么只字未提；④人们不喜欢以分期付款的方式购买特征明显的商品，会被每个看到的客人取笑；⑤毫无新闻价值。

拉斯克尔立即带着肯尼迪，去见 1900 洗衣机公司的老板。他们原本打算付完原定的一年 1.5 万美元就中止广告，听肯尼迪这么一说，便同意让他来写一系列广告。肯尼迪用 4 个月的时间，完全展示出了广告的威力。

肯尼迪认为"不能让一群白发苍苍的董事长们，来猜测家庭主妇的选择"。他在认真调研后，做出了新的广告。下面就是肯尼迪完成的广告。

他撤下了拴在洗衣盆上的妇女形象，变成了妇女坐在摇椅上，一边看书，一边转动

肯尼迪创作的 1900 洗衣机广告

洗衣机手柄。标题是"让这台洗衣机自己去还债吧"。

攻击性的创意很少能赢得读者，或是改变人们的观念。谁都不想听责备性的话，他们想听的是褒奖性的。人们总是希望听到能够让他们欢欣鼓舞的事情。所以新的图片和标题，对妇女是一种有效的正面心理暗示。这样的标题，对男人也非常有吸引力。

在《拉斯克尔的广告历程》这本书中，还记录了该广告正文的主要内容，如下：

当我发明1900洗衣机时，决心不让任何人为这种洗衣机而付款，我要让我的洗衣机自己证明它能做别的洗衣机做不了的工作。

下面是我对我的新洗衣机作出的郑重承诺：不管你自己洗衣服还是雇佣洗衣妇，它每周都将为你省下60美分，因为你要付给洗衣妇一天1.2美元的工钱，当然你自己的时间也值那么多。现在，不费太大力气，我保证我的新洗衣机能连续运转一天半，现有的洗衣机还没有哪种能全天工作，而且你还将因此每周节约60美分。

那么，为什么不让我送你一台这样的机器呢？试用4周吧，费用算我的。所有节省下的钱，全部归你。只需在4周以后的短短24周里，把你每周节省下的60美分中的50美分寄给我，那台机器就完全属于你了。

此段文字用第一人称，就像精彩的小说开头总是让人快速进入状态。同时紧扣标题，引人怀着好奇心继续阅读下去。后面请大家体会其中的精妙。它让妇女认识到自己的任何付出都是有价值的。

而且，到最后，广告中都没有直接说产品价格，也没有直接说"免费试用"的字样，对消费者只说"费用算我的"，看看1900洗衣机能帮你做点什么。这正是高明之所在。这个广告的唯一目标就是吸引人们为了双方的利益尝试一下，显然它非常具有真正意义上的吸引力。

　　一般的推销性广告，会乞求："买我的产品吧，别买别人的。"这种自私的行为自然会受到大多数人的心理抵制。而肯尼迪完全站在顾客的立场上，分担她们的辛苦，节省她们的支出，以及消除她们对质量的担忧。这样她们对商家得到的好处也就视而不见了。

　　这个广告可谓当时的神作。这 4 个月中，1900 洗衣机公司每月从收益中拿出 3 万美元投入广告。获得反馈的成本从每次 20 美元到 4 美元，最后降到平均每次几美分。8 个月后，他们的厂房扩大了 3 倍。

对广告局限性的认识

　　此后大约 3 年时间，拉斯克尔都忙于这家企业的生意。后来罢手时，广告被更改，生意就回到了老样子。这个项目让他明白，对那些自己没有能力站起来的人，你不能永远去搀扶他。拉斯克尔后来认为推销已经被引入希望广告代理商参与并经营别人生意的歧途，所以他后来坚决反对为客户提供与广告无关的附加服务。

　　肯尼迪还强调：调研之后形成的文案，还需要进行实验。他举例说，一个明星演了 5 部戏，其中 3 部很好，另 2 部失败了，他仍是明星。因为换了你来演，你会把这 5 部戏全演砸。明星拥有演这些戏的全部技巧，但还缺一样东西，就是无法确定无疑地判断结果会如何。任何事物都会有无法确定结果的情况，所以，广告应该在使用之前进行测试。把广告测试样分发出去，回收所有结果，并记录下来进行分析（请注意，这不就是今天正流行的互联网广告思维吗？由计算机统计每个广告或内容的点击率、转发率，再优化铺开。可谓世界总在改变，历史总在重复）。

　　在 1905 年肯尼迪将他的一些实验写成了一本叫《广告实验》的小书。拉斯克尔后来回忆道："在我从业的早期，我是对的，广告就是新闻。标题必须是能抓住人的新闻。但我的认识也就在于此，我并不知道正文应该是纸上推销术，这是肯尼迪教给我的。"

有了肯尼迪的支持，拉斯克尔自豪地对外说："我们的意见绝对值得上客户付给我们的全部佣金"。

在拉斯克尔见识了这种广告威力后，他挪走了一些文件架，划出了一个独立的文案部，不断地招聘与培训广告文案人员。其中，最重要的是招来了下面这个牛人。

04

霍普金斯：科学的广告

1908 年，拉斯克尔招来了克劳德·霍普金斯，后者最终成为受全行业敬仰的第一代广告天王。

他们是因为一瓶啤酒认识的。

这瓶啤酒不是出现在饭局上，而是出现在火车上。拉斯克尔当时在火车上，对面坐着精通广告的出版商科蒂斯。科蒂斯说："我刚刚读了一个广告，按图索骥点了一瓶啤酒，为了你的生意着想，你应该去把写这个广告的人找来。"

克劳德·霍普金斯

那是一则喜力滋啤酒的广告。拉斯克尔一眼就看出了这个广告的作者与肯尼迪是同一类人。于是他找到了这个叫霍普金斯的人，邀请他加盟洛托公司。

喜力滋先声夺人

喜力滋啤酒的广告被视为完美之作，在行业中引起了极大的关注。过了一段时间，拉斯克尔问霍普金斯是如何写出那条广告的。霍普金斯于是把这个广告背后的故事说了出来。这个故事记录在他写的回忆录《我的广告生涯》中，择要编辑如下：

　　那时市面上所有的啤酒都标榜"纯啤酒"。他们把"纯"字写得特别大，后来又用双页把这个字写得更大。其实这种许诺给人留下的印象，就像水流过鸭背一样了无痕迹。喜力滋啤酒在市场上排名第五，因为我们之前在其他产品上合作良好，就顺利接手了喜力滋啤酒的广告。

　　我去了一个酿酒学校，学习酿酒知识，但这对我帮助不大。接着我又在厂长带领下参观生产的全过程。看到啤酒从空气过滤过的玻璃屋子里的管子滴出来，以便冷却。又看到装满白木浆的巨大过滤器过滤啤酒。他们还给我演示怎样清洗水泵和管道（一天两次，以防止细菌污染）。他们的工厂就在密歇根湖边，但还是要从 4000 英尺深的地下取纯水。又带我去实验室看了最早的酵母，那是经过 1200 次实验才得到的最好口味，所有用于酿造喜力滋啤酒的酵母都来自最初的那块。

　　我带着惊奇回到了办公室。我说："为什么你们不和大家说这些事？为什么你们只是比赛谁喊啤酒'纯'的嗓门高？"他们说："我们的程序其实和别人的完全一样。不这样做谁也制不出好啤酒。"

　　但是我决定把这件事告诉全世界，这让喜力滋啤酒的"纯"有了切实的含义。我没有说只有我们在这样做，也没有说别的啤酒厂不是这样做的。很少有哪种领先产品具有绝对的优势，它们其实只是最早说出某些公认的事实而已。在此之前，没有哪家啤酒厂把它说出来。在这些广告之后，别的啤酒厂也不想再出来说了，因为那样会上人觉得他们想模仿喜力滋。

　　霍普金斯从这个案例总结出一个绝招，叫作"先声夺人"。某种产品并不独特，也许有无数的人都能制造它，但是只要你先说出来在其中所费的工夫，说出那些别的制造商认为很平常、很不值得一提的过程和特点，靠这种"先声夺人"，你的产品就有可能成为这一行业的代表。

　　果然，几个月后喜力滋啤酒的销售量从第五上升到并列第一。这

是一个完整的系列广告反复投放的结果。但万事开头难，最难的还是
第一条，第一条广告的诞生是这样的：

在参观喜力滋啤酒工厂的过程中，我们来到一间充满蒸汽的房间，
厂长说："快穿过去吧，这儿没什么值得看的，我们用蒸汽来清洗酒
瓶，这样就不会有发酵物质产生。但这没什么大惊小怪的，每个啤酒
厂都是这么干的，如果不这么干，他们的旧瓶子就没法用，啤酒会在
脏瓶子里发酵。"

但我没有离开，待在那儿观察了好半天。我觉得我找到了一件最
能引起顾客兴趣的事，就是把蒸汽吹到瓶子里进行清洁，以防发酵。

这套广告中最有名的也是这一条："我们把蒸汽吹到瓶子里彻底洗
净，喜力滋啤酒中绝无发酵物质，喜力滋永远清纯。"这给科蒂斯先生
留下了很深的印象，他在火车上当时就要了一瓶。他很想尝一尝用如
此美妙的纯净工艺制造出来的产品。有了科蒂斯先生在火车上的推荐，
霍普金斯才与拉斯克尔结缘。

拉斯克尔没有看错人，霍普金斯是"纸上推销术"的信徒，他完
美演绎了肯尼迪的定义。在此基础上，他后来还发展了一套"科学"
广告的思想，并写了一本《科学的广告》。由此霍普金斯成为广告界
科学派的代表人物。

比起《科学的广告》，我更喜欢他的另一本书——《我的广告
生涯》。

因为《科学的广告》成书较早，定论较多，中间的一些"科学"
广告法则，现在变得不那么科学了。但霍普金斯的《我的广告生涯》
就不一样，这是他职业生涯的全景回忆录，里面记录的每一个广告营
销战役，在多年后的今天仍然让人读得惊心动魄！

霍普金斯通过各种广告活动让许多滞销商品打开了销路，在我心
中，他是行业内举世无双的"促销天王"。虽然我没能找到任何一条

他写的广告图稿，但是他设计的广告真的能促进商品销售。下面是一个经典的广告案例。

棕榄香皂的促销案例

1911 年，一个肥皂制造商找霍普金斯做广告，他分析后发现，肥皂产品市场比较稳定，如果大额增加广告投放又不能马上获得巨大收益，客户就会对广告失去耐心，甚至把失望发泄在广告代理商身上。所以他建议客户不用为现在已经成熟的肥皂打广告。

但他在厂房里发现客户有一种内部不看好的新产品——"棕榄香皂"，他认为这是一个商机，请求肥皂制造商让他试一试。客户同意了，不过启动资金只有 1000 美元。

霍普金斯决定在密歇根州的本顿港为这款新产品做广告测试。他发布了两三个广告，讲述"棕榄香皂"的故事，推出美女的形象。在广告上方的一个方框里，宣布我们自己掏钱买下第一批产品送给人们试用，几天后将为每一位提出申请的妇女买一块"棕榄香皂"。这个消息使广告的读者成倍增加，引起了大多数女性读者对这种新型合成香皂的兴趣。

等感觉到创造出的需求已经很充足的时候，登出一张整版广告，里面有一份优惠券，可以在任何商店兑换一块 10 美分的香皂。优惠券授权本地所有经销商给每个持券人兑换一块，我们按零售价格向销售商付款。

我们提前将广告的复印件发给所有的杂货销售商，并且告诉他们所有的顾客都会收到这样一份优惠券。这也就是说他们必须存有"棕榄香皂"。每一份优惠券意味着 10 美分的销售。如果他们不干，这个生意就会跑到竞争对手那里去。

结果每天都有很多张优惠券出现在各个商店，我们为此向百货商们付了不少钱。可是有很多家庭在读了我们的故事之后试用了产品，而这一切都发生在短短几天之中。

在两个星期内，我们让本顿港的人们了解了"棕榄香皂"的价值，赢得了成千上万的用户，建立了销售网。成千的妇女开始使用这种香皂，接着就要等试用的效果了。

好在产品的质量很不错，一轮广告还未结束，本顿港的购买热潮就起来了。在本顿港首次测试成功后，又复制到其他中小城市，大约一共花了5万美元做这些城市的地方性广告（大部分花在兑现优惠券上），我们很快就赚回了这笔钱，还有了盈利。结果证明广告诉求的确有效，一直所向披靡。然后就去找杂志，继续复制，将产品销到全美国。

看似很普通的活动，但特点在于：霍普金斯并没有说"免费的10美分香皂"，而是用"我们帮你买，我们来付钱"，一个好到让它的生产者买下的产品，也可以好到让它的消费者买下。与"免费"赠送相比，它更让人印象深刻。无偿提供会使产品掉价。

霍普金斯把这种手段与挨家挨户派发样品做了一个比较。在那种情况下，你是在推销一种别人并不需要或并不想要的产品，它没有什么魅力。那种样品无偿派发方式只会使你的产品掉价。商店里不会进太多存货，店主会因为你白送本该他们销售的东西而心生不满。

这个案例中，百货店必须进货，想得到试用的妇女们也必须出一份力。她要是不读那些关于产品的文字，就不会了解赠品的事；如果她兑换了优惠券，就说明那个广告使她有了得到产品的欲望。百货店会因为通过销售创造了利润而感到高兴，妇女们使用了优惠券就会拥有产品。这样，就会占据一个接一个的市场，并且能够保持它们。

科学的广告

在霍普金斯眼里，广告是一门科学。所谓科学，就是像做实验那样，不断地测试，然后找到最佳的方式。

霍普金斯在《科学的广告》一书中毫无保留地向我们展现了他的研究成果。其中"提供服务""标题""心理""战略""样品的运用""建立经销网"等章节，在今天这个时代，仍然算是对广告营销本质的洞察。霍普金斯在自传中说，他在很晚的时候才开始搞自己的生意，自己有点后悔搞得太晚了，但豆瓣网友 Peter 倒是觉得，这对他或许是件幸运的事情。如果事事分心，反而不得要领了。

霍普金斯的道理，还得总结一下。

（1）一个产品最好的推销员就是它自己，客户通常都对自己的产品了如指掌，这很好。但霍普金斯和他的老板拉斯克尔却一致认为：这是广告中最大的矛盾，也是客户不能自己做出好广告的原因。为什么呢？因为最吸引老板们的事情往往是最不吸引消费者的事情，而最吸引消费者的事情往往最不吸引老板们。这需要通过与人的实际接触，了解什么能够赢得人心，什么让人讨厌，然后把这些发现应用在纸面诉求上。可以说，霍普金斯将调研、洞察、测试完美结合在一起，解决甲方视觉盲区，这是广告成功的基石。在喜力滋啤酒广告中，说的都是产品本身，但却不是客户想当然的那个点。

（2）霍普金斯认为"仅靠书面或口头宣传，要想卖出东西，比登山还难"。因为，世界上的任何言辞都无法与生动精彩的演示相提并论。霍普金斯的广告本质上都来自这一理念，他极度重视优惠券形式的样品试用，他称这种方式为"利他型广告（让消费者有利益）"和"为消费者提供服务（让消费者不费力）"。

比如棕榄香皂的案例，厂家甚至为消费者买下第一批产品送给她们试用。不过，这却被当时业界认为只是一种样品派发，是策划和销售，而不是"正宗广告"（业界所谓正宗广告就是通过正式媒体发布的正式产品信息，没有其他的花招）。霍普金斯并不认同这种看法，他认为高谈妙论如果不能产生收益，也是完全没用的，时刻牢记广告只是"纸上推销术"。用今天的话来说，就是"所有事都是一件事"，没有什么正宗与不正宗之分。

（3）推销中存在一个很大的问题，一个没有做过广告的产品，如果没有消费者需求，就必须依靠分销商打开销路。无论你给分销商的利益有多大，总会有同行超过你，你的销售成本将成倍增长，利润很快会变得微乎其微，这是最大灾难。

品牌方必须在经销商和消费者之间做出选择。我们不能把一样东西卖两次。一面花钱做广告推销给消费者，另一面却在向经销商推销时软弱无力，然后又为经销商的销售再花一笔钱。这样的话，转嫁到消费者头上的成本就太多了，成本会高到没有市场竞争力。

经销商的所有需求，都取决于你对消费者的影响。棕榄香皂的案例中，通过广告促使经销商存储你的产品。无需多少推销员，只需要把你的优惠券广告的证明寄给经销商并向他们指出，每个家庭都会收到这个广告，广告上的优惠券可以当10美分来用，如果一个经销商不愿意兑现它，会有其他人愿意。按照这个方案，没用多大的成本就很快建立起了广泛的销售网。

（4）好东西要坚持。不要试图与当天最热的文学版面或新闻版面竞争，你可能会引来注意力，但不是有价值的注意力，始终坚持"本谋"。

以上，便是"促销天王"霍普金斯的故事。

05
罗瑟·瑞夫斯：USP 独特销售主张

"促销天王"霍普金斯有两个最知名的忠实信徒。

其中一位便是罗瑟·瑞夫斯，他是达彼斯广告公司的创始人。罗瑟·瑞夫斯在行业初生阶段，就建立了自己的核心观点"USP"。USP 非常有名，但由于他的著作传入中国的相对较少，网络资料大同小异、无甚价值，大众真正对他及他的 USP 了解相对较少。

漂亮的橱窗式广告

罗瑟·瑞夫斯

1940 年，30 岁的罗瑟·瑞夫斯成立了达彼斯广告公司。在此之前他在 BBDO 广告公司的特德贝茨手下做文案，特德贝茨对于化繁为简有着了不起的天赋，从后面的事迹来看，罗瑟·瑞夫斯也学到了这一招。

在《实效的广告》一书中，他说：销量上升，并不说明广告成功；同样，销量下降也并不说明广告不当。因为"一个车轮有很多辐条，谁能说出哪一根在支撑车轮呢？"

为了彻底搞清楚销量与广告的关系，罗瑟·瑞夫斯开始了长达 20 年的调研。

他跟踪了全美 78 家最大的商品广告客户近 20 年的业绩，这些公司花费数以十亿计的金钱去买广告说服公众的效果。数十家代理商、数以千计的优秀人员煞费苦心，想把这些广告宣传印在美国 1 亿 8 千万人的脑海里。他把人口分为记得包装商品的组和不记得的组，之后算出每一组有多少人在实际使用该产品。研究结果显示，最好的广告成功地将其信息植入 78% 的人心中，而最差的仅影响了 1% 的人。

尽管销量的升降有多种因素，但罗瑟·瑞夫斯的调研却说明：好的广告与差的广告确实在很大程度上决定着市场销量。

那什么是好的广告、什么是差的广告呢？

罗瑟·瑞夫斯说：橱窗式广告就是差广告。

所谓"橱窗式广告"，就是这些广告像第五大道上灿烂的橱窗一样漂亮，它们只是把商品呈现给了消费者，企图让商品自销。如果是大牌奢侈品，这种橱窗式广告或许足矣。因为它不是一般意义上的商品，人们对这种东西的兴趣几乎是与生俱来的。但是，如果把盒装洗涤剂、牙膏和香烟与这些大众焦点放在一起，仅作橱窗式展示，这将没有任何吸引力。

USP 独特销售主张

针对普通商品，怎么样才能做出有吸引力的广告呢？

罗瑟·瑞夫斯说：这种广告需要有一个"独特销售主张"（英文缩写为 USP）。什么是 USP？《实效的广告》为 USP 给出了三条原则：

（1）广告不仅是橱窗式的展示，广告必须对每位读者陈述一个主张："购买此产品，你会得到这种具体好处"。

（2）这个主张一定要独特，可以是品牌的独特性，也可以是这一领域竞争者一般不会提出的。

（3）这一主张还要能打动人，吸引新顾客使用你的产品。

以上，就是 USP 的官方解释。接下来看看罗瑟·瑞夫斯的官方案例：

1954 年，M&M 糖果公司总经理约翰来到我的办公室。他说他们的广告不成功，他需要一个能够被消费者接受的构想。

事实上，我在经过 10 分钟的谈话之后所找出来的构想，乃是天生存在于这个商品"之中"的。它是美国唯一用糖衣包着的巧克力糖果。从这一点上说，构想就在眼前的桌子上，完全不需要再另外搜求构想。唯一的难题是：怎样利用这个构想并把它放进一个广告中？

在这个案例中，我让演员把两只手放在银幕上，并说："哪一只手里有 M&M 巧克力豆？不是这个脏手，而是这只手。M&M 巧克力豆，只溶在口，不溶在手！"

M&M 巧克力豆广告"只溶在口，不溶在手"

如今看来，罗瑟·瑞夫斯在观众面前的电视屏幕上播映两只拳头，显得并不高级。但设身处地地想，当时巧克力太黏手应是消费者的一大痛点，而 M&M 巧克力豆是当时唯一用糖衣包裹的巧克力。"只溶在口，不溶在手"，简单 8 个字，就使得 M&M 巧克力豆不黏手的好处深入人心。

罗瑟·瑞夫斯认为，这个广告宣传攻势之所以特别有效，是因为融入了 USP 三原则。首先给了消费者一个明确的好处，同时它是独特的，有吸引力的。直到今天，M&M 的广告语"快到碗里来"依然延续了这一点：广告中男主角要用碗盛巧克力豆给大家吃，M&M 豆因其有糖衣包裹"不溶于手"的特点不愿到碗里去。

在后来的营销经典中，USP 绝对是一个谁也绕不开的话题。

比如在《定位》一书中，作者认为 USP 过时了，说："由于大量同质化产品涌入市场，建立'独特卖点'变得日益困难，可以说产品时代结束了。"但作者还是肯定 USP 的历史地位，又说："在 20 世纪 50 年代，广告业处于产品时代，那是一段美好的时光。他们寻求的是被罗瑟·瑞夫斯称为 USP 的独特销售主张。"

通往"销量罗马"的三条大道

罗瑟·瑞夫斯在《实效的广告》一书中明确指出通往"销量罗马"的三条大道，USP 是其一。如果在产品事实上较为相同时，另一条大道就是改进产品，而 USP 也会因为度身定制而浑然天成。

还剩下一条小道，就是推出别人忽视的东西。有次一位客户将两枚相同面值的硬币放在罗瑟·瑞夫斯办公桌上，对他说："我选左边这枚，现在你来让公众相信它比右边这枚更特别。"这种情形可以追溯到霍普金斯时代，企业主管无法分辨自己的产品与其他竞争品的差别。想想喜力滋啤酒，别人都标榜"纯啤酒"，霍普金斯却说"把蒸汽吹到瓶子里彻底洗净"，尽管每个啤酒厂都是这样的生产流程，但只有喜力滋说出来了，这让"纯"有了确切的含义。虽然大家都这样做，但只有你一家这样说，也算是一种独特性。

再看另一个关于独特性的例子：20 世纪 60 年代，医学研究

好彩香烟广告—"它是烘焙的"

指出香烟可能致癌，美国媒体炮轰烟草行业，好彩香烟遇到了生死存

亡的挑战，该企业以一条新广告"It's toasted"（它是烘焙的）赢得了烟民。的确，其他香烟也都是烘焙生产出来的，而那些生产商却不太精明，没有看到这一简单广告的广阔前景。

和所有大师一样，罗瑟·瑞夫斯找到了自己的大道，他对所有阻碍这条大道的因素深恶痛绝。他对客户进行忠告：清除广告的杂草，给它一个生长、呼吸的机会，你会拥有一棵高耸根深的大树，即使面对最肆虐的暴风雨它也会安然无恙。

06
李奥·贝纳：与生俱来的戏剧性

霍普金斯的另一位信徒是李奥·贝纳。

李奥·贝纳晚年回忆说，他最初住在一个小城，做梦也没想到自己能进广告这一行（因为大城市才有广告行业繁荣的基础，小城市缺乏这种经济基础与行业生态）。

李奥·贝纳

他从小在印刷厂中长大，慢慢为报纸写些小故事。1910 年，李奥·贝纳进入密歇根大学念新闻学。毕业后，他想去他认为最了不起的《纽约世界报》求职。但他碰到了一位从芝加哥回来的记者朋友，这位朋友让他打消去纽约的念头，帮他申请到一家位于芝加哥旁边小城的《匹奥瑞亚日报》工作，周薪 18 美元。于是，他去了这家芝加哥旁的小城匹奥瑞亚。

在这家报社，李奥·贝纳干得很苦闷，不过他还是初步结识了一些行业人士。1915 年，另一个在底特律的朋友告诉他，汽车行业要火了，快到汽车之城——底特律来吧，做一个汽车行业的人多好！

李奥·贝纳进入广告业

这件事很重要，李奥·贝纳写了一封信给他在密歇根大学念书时最喜欢的教授。他在信中说："我听说有的公司有时会写信到大学找人才，我很愿意有机会到底特律去工作。"他说，本来也没有想到会得到什么机会，但却得到了教授打来的电话，凯迪拉克汽车公司正在找一位内刊编辑。

李奥·贝纳抓住了这个机会。谈判进行了几星期，最终以一篇关于 4S 店整洁的报道通过了测试。在凯迪拉克内刊工作，是李奥·贝纳的人生转折点。

他的主管是当时的资深广告人——玛克玛纳斯，为凯迪拉克创作"领袖的代价"轰动一时。在与玛克玛纳斯同事的日子里，李奥·贝纳阅读当时所有的广告专业刊物，剪下大大小小的报纸广告及有关广告的讨论议题，并参加了许多广告俱乐部。通过在凯迪拉克工作的积累，李奥·贝纳后来陆续做到了一家汽车公司的广告部经理和两家广告公司创意总监的高位。

不过，随着经历的增长，李奥·贝纳越来越无法忍受当时市场上大量"就像洗碗水一样乏味"的广告，于是在 1935 年跑到芝加哥成立了自己的公司，以求改变这一现状。

尽管李奥·贝纳远离当时的行业中心，一生的学习、成长、发展都只在西部地区，但通过长期的坚持，他终成行业巨擘。

与生俱来的戏剧性

接下来言归正传，说一说李奥·贝纳的创意观点——"与生俱来的戏剧性"。

从字面上来看，在罗瑟·瑞夫斯提出 USP 独特销售主张之后，广告行业似乎将要走向无趣化；而到了李奥·贝纳这里，一个"戏剧性"

又让广告营销生动起来。

李奥·贝纳认为，每一个产品都有一种内在的戏剧性，广告人首要的工作是发掘并利用它。这句话不好理解，我初次接触也是一头雾水。那么我们暂时放下它，看看他的代表作——万宝路广告。

万宝路广告

万宝路广告让一个不被人注意的品牌成为全球畅销香烟，广告沿用 25 年之久，几乎没有变化。

万宝路无论什么广告，永远是一个西部牛仔，加一句"来到万宝路的世界"。当年我拿着教科书，反反复复地看图示、看说明、看讲解，我承认该广告版式精良，画面有冲击力，文案大气上口。但就是不明白：为什么它就成了经典？为什么它就能代表"与生俱来的戏剧性"？可惜当时的书上没有答案。

看来要仔细研究"每个产品都有一种内在的戏剧性"这句话，我们还要再往深处寻找。我找到很多资料，发现关于这句话，在《麦迪逊大道》中是这样翻译的：

每个产品天生就有其刺激之处。

这个翻译非常好，很直观。在《李奥·贝纳的观点》中，又说：

每一个产品都有某一点最能代表这个产品对消费者的价值，而这一点就是广告的源泉。找到这一点，以及策划产品所固有的这个情节就是创作人员最重要的工作。

很明显，上面说的天生的"刺激之处"与"源泉之点"，皆是"与生俱来的戏剧性"。

李奥·贝纳还认为，这种与生俱来的戏剧性，来自对商品的信心和深切了解，来自对消费者的消费动机与底蕴的深刻把握。功夫下足了，自然就能发现，然后自然地将它表现出来，而不必投机取巧、刻意雕琢。

万宝路背后的故事

既然李奥·贝纳号召要沉浸到产品和消费者中，那么我们不妨回到 70 年前去看看万宝路当时的情景。

万宝路是首个装配了过滤嘴的香烟，这是一个重要的产品创新。不过在普遍抽无过滤嘴香烟的那个时代，过滤嘴香烟天生就是一种女士烟。虽然最初销售得相当不错，但由于女性吸烟人数明显不多，后来销售额日趋平稳。万宝路找到了李奥·贝纳，交给了他这个任务：让更多的女士消费万宝路过滤嘴香烟。

李奥·贝纳没有被客户和资源限定住。万宝路是一种女性香烟，男人从不吸女性香烟，而男性吸烟人数明显多于女性。无论怎么做，其销售潜力都十分有限。所以必须把万宝路品牌的香烟转变成男性香烟。

要如此彻底地改变万宝路的品牌形象，需要在广告上有一个同样彻底的改变。为达到这一目的，他们设计了一个简单的广告创意，来表现那些从万宝路中得到真正满足的男士。广告开始用马车夫、潜水员、农夫等做广告男主角。但这个理想中的男子汉最后还是集中到西部牛仔这个形象上：一个浑身散发着粗犷的牛仔，袖管高高卷起，露出多毛的手臂，手指总是夹着一支冉冉冒烟的"万宝路"。

这时候，总算明白一点点"与生俱来的戏剧性"是怎么回事了。一句话总结：万宝路内在的戏剧性就是"就算有过滤嘴，抽万宝路，仍然很有男子气概"。这是对这一品牌乃至全世界吸烟习惯的一次重大的革命，从此男人也抽滤嘴香烟了。

认识到这一点，就不难理解这一系列广告为何经典。同时，李奥·贝纳通过修正标志字体为坚硬风格，更新硬派香烟盒，加重烟的口味，以及牛仔硬汉的持续广告，整体传达这一戏剧性。

所谓"戏剧性"，无疑是指广告本身就应该是一出大戏。同时"戏剧性"还有另一层意思。当时广告普遍以美女、婴儿、宠物等甜美形象为主角（俗称"广告3B原则"），万宝路的牛仔硬汉与当时大部分广告也形成了戏剧性的强烈冲突。

李奥·贝纳的四点忠告

李奥·贝纳在功成名就后，接受记者海金思专访时说道："假如你能够找出那种使得商品保留在市场上的原因，一般来说，几乎常有某种东西在那里。最初也一定有着某种东西才使得制造商来做它，有某种东西使得人们持续去买它、抓住它，同时使这件东西的本身来引起人们的注意。"

总结下来，李奥·贝纳给我们四点忠告：

（1）如何才能抓住"与生俱来的戏剧性"？ 李奥·贝纳的经验是让"文化原型"视觉化。他认为，最强有力的广告创意不是语言，而是采取在视觉上表现产品原型的特性。它们的真实的含义远远超越了语言所能表达的：一个骑在马背上的强壮的牛仔、一个慈善的巨人和一只嬉戏的老虎。这些原型的最丰富的资源源于我们所固有的文化根基——历史、神话和民间传说。下面便是牛仔的文化原型。

据星球研究所记述，美国西部拥有约 130 万平方千米的大平原，以及 3000 万头美洲野牛。这些野牛成为抢手货，美国人驱赶野牛，再通过 1869 年刚刚建成的横贯铁路运往全国。牛肉是东部大受欢迎的美食，牛皮、牛骨还可以做成各种商品。在得克萨斯，一个全新的职业诞生了：牛仔。他们按照雇主的要求将草原上四处"闲逛"的野牛驱赶到几百上千千米外的火车站。没有姑娘、没有浪漫，途中只有一眼看不到尽头的荒野以及成群结伙的山贼。牛仔们用枪保卫他们的牛群，柯尔特单动式左轮手枪，六弹连发、不用上膛，最受欢迎。在残酷的商业世界中他们只是冒着极高风险、领着微薄薪水的农业工人，日薪仅仅 1 美元。但牛仔后来被人们赋予浪漫和英雄的色彩，逐渐演化为美国文化的标志之一。

（2）广告不需要伪装成新闻。李奥·贝纳认为一幅广告必须看上去像广告，而不是别的什么东西。一定不要装成其他东西来误导读者。必须告诉读者："我是一则广告，并为此骄傲。我有很重要的事情要告诉你。"同时，他认为成功的广告总是简单得使人毫无戒心。

（3）广告重复次数越多，就越容易被记住。问题是如果遭遇被喋喋不休地重复无数次后，人们就会视而不见，即墙纸效应。解决方法是：一个主题，多个花样。就像万宝路 25 年重复使用西部牛仔形象，但每批画面都有所不同。

（4）专业就是对一无所知的行业，也能做得很好。客户经常问：你有从事某某行业的经验吗？这是个难题。李奥·贝纳是这样回答的："我们在得到一些客户之前，一点也不知道那个行业的事，到开始替他们做广告时才知道。"但假如你能找出来一种商品正确的诉求，你就能够在任何商品上发展。

我们以李奥·贝纳的箴言"伸手摘星，即使徒劳无功，亦不致满手污泥"作为本章的结束吧！

07

奥格威：让品牌坐上头等舱

如果大多数中国人只听过一个广告人，那多半是大卫·奥格威。

如果大多数中国人只读过一本广告书，那多半是他的《一个广告人的自白》。

奥格威的早期经历

大卫·奥格威青年时幸运地进入了牛津大学。那时，大家都认为他将会是大放异彩的历史学家，然而事与愿违，他无法通过考试。奥格威后来认为这是一生中最大的挫败，一直对此非常惋惜。但他却有两个不同的解释：在 1983 年出版的《一个广告人的自白》中，他说"当时的心丝毫

大卫·奥格威

不在学习上"；在而在 1986 年，他 75 岁生日前说"当时头部动过两次非常严重的手术"。

奥格威从牛津大学出来时，社会经济衰退。在随后的 10 多年里，奥格威的朋友们在各个领域先后功成名就，而他却在世界上游荡，没有明确的目标。奥格威快快地逃离那种文化包袱，先在法国巴黎当厨师，又回到英国做挨门串户的推销员，后来到了美国在盖洛普博士手下做调查员，二战期间又为英国情报部门工作，还在宾夕法尼亚当过

一阵农夫。

终于在 1949 年，38 岁的奥格威白手起家，在纽约成立了奥美广告公司。它从一个客户也没有，逐渐发展为行业的一面旗帜，奥格威本人后来也被封为"广告业的教皇"。

这段经历太不可思议。后来，我偶然读到乔布斯在斯坦福的演讲，一下就明白了奥格威为什么能从一个大学没毕业的人成长为行业之王。

乔布斯说："你不可能从现在预测到未来，只有回头看时，才会发现事物之间的联系。所以你必须相信，那些生命中的点点滴滴，将会在你未来的生命里，以某种方式串联起来。它们将给你追寻内心真正所想的自信，带你走离平凡，变得与众不同"。

那么，我们来串一串他每份工作之间的联系。

奥格威第一份工作是在巴黎美琪饭店当厨师。厨师团队一共有 37人，大家一周拼命地干活 63 小时，从早到晚，个个汗流浃背，在喧嚣咒骂声中忙碌地操作。但在严厉无比的厨房领班皮塔先生的带领下，每个男子汉都一心想着要把饭菜做得比别的任何厨师做得都好。在这里奥格威学到了一些领导的艺术，更重要的是他等到了一个机会。

一位卖炉灶的经理在巴黎四处寻找适当的人，以便针对英国的餐厅饭店推广 AGA 炉灶。奥格威是英国人，在巴黎工作会点法语，刚好又熟悉厨师的语言，所以正好满足对方"一个在英国能以法文和法籍厨师交谈的人"的需要。这将是他的第一次转折。

AGA 炉灶是英国厨具界的奢侈品，售价不菲，推销难度很高。奥格威每天穿梭在大饭店、高端住宅区、修道院之间，利用他做饭店厨师的经验，特别是老到的烹饪技法做示范，他成了公司中卖炉灶最多的人。鉴于此，AGA 公司干脆请他回总部将自己的经验写出来，以指导其他销售人员的推销工作。于是，他花费巨大的心力，写出《AGA推销手册》。这本手册后来被《财富》杂志评价为"有史以来最好的销售手册"。

在《AGA 推销手册》中，奥格威几乎把能想到的所有细节、处境、困难都制定出应对的办法，其周密、细致之极，显示出他在对推销工作认真实践之后高度总结的本领。这本手册载于《广告大师奥格威未公诸于世的选集》中，有兴趣的读者可以找来读一读。奥格威也借此总结出自己的一整套推销策略。

凭借这本手册，奥格威进入了广告界。

奥格威进入广告界

1938 年，奥格威受公司委派，前往美国学习广告业务。站在曼哈顿无数的摩天大楼脚下，他发现了广阔的天地。不久，他便到美国盖洛普博士的受众调查所工作。工作内容是为好莱坞制片商做民意测验，调查电影明星受欢迎的程度、预测故事情节的吸引力、预测电影未来的走向等。据说他能在开拍前预测电影票房，误差在10% 以内。虽然周薪只有 40 美元，但奥

奥格威做街头调研

格威说，如果让他给盖洛普博士付学费他都乐意，因为他从这份工作里学到的东西太多了。

二战期间，法国全面沦陷。凭借数据调查领域的造诣，奥格威受邀加入英国情报机构。战后他到宾夕法尼亚过了一阵理想中的农夫生活。最终他发现，他永远无法以务农为生。而自己在 AGA 的推销经验，在盖洛普学到的调查本领，在广告公司的工作经历，让他选定一辈子要做的事。

1949 年奥格威在纽约创办奥美广告公司时，只有他本人与一位秘书，没有业务，也没有客户。但调查背景使他占尽优势。可以说他的成功在很大程度上要归功于在盖洛普工作时对各个领域的众多美国人进行访谈的经历，以及在二战期间为英国情报部门效力，在那里他懂

得了弄清前线情况和使用事实材料的重要性。

奥格威也很会把握良机宣传自己，经常发表演说，针对不同的听众准备不同的讲稿，而且总不忘宣扬奥美。1962年他出版《一个广告人的自白》，1983年他又写了一本《奥格威谈广告》，1987年出版《广告大师奥格威未公诸于世的选集》。

推销员出身的奥格威非常推崇"纸上推销术"理念以及霍普金斯的《科学的广告》一书。他说任何人不把这本书读七次，就不能做广告人。奥格威在他早期的作品中都贯穿这一理念。

但如果奥格威仅仅是拾霍普金斯的牙慧，他绝不可能成为"广告教皇"。他之所以成为最有名的广告人，是因为他提出了"品牌形象论"。

品牌形象论

在大多数今天的精英们看来，品牌形象论如此浅显，真是不值一提。

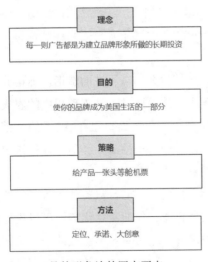

品牌形象论的四大要点

但在20世纪50—60年代大家辈出的年代，品牌形象论的风头盖过了李奥·贝纳，也盖过了罗瑟·瑞夫斯，最终奥格威也因此被法国媒体封为"现代广告的教皇"。

为什么一个看似浅显的概念在当时如此轰动呢？我们从以下4个方面来说。

（1）奥格威并没有为

品牌形象下一个明确的定义，但说了一句话：

> 每一则广告都是为建立品牌形象所做的长期投资。

这一句话犹如一道晴天霹雳。当时的大多数商品，都被蒙上了 20 世纪 30 年代低下廉价的品牌形象，因为当时只要便宜就够了。而大部分商业广告只是在寻求创意，有创意的广告会给人们留下印象，但这些广告大多属于"一次性广告"，无法由此衍生出新的广告模式。然后出现了系列广告的概念，一个好的广告会持续好几年，一个杰出的广告会延续几十年。最后奥格威提出了品牌形象论，这时创意不只是去创造性地表达产品信息，更是找到一个令人信服的方式去传递品牌现在和未来的精髓。这三个层面的创意显然不是一回事。

在入行之初，奥格威深受"纸上推销术"的影响，经常嘲笑那些大谈长期效果的广告人，控诉他们用长期效果来掩护一切的行径，指责他们假借名目藏匿自己无法使客户从单一广告获取立即的效益。在那些偏执的日子里，奥格威以为任何广告都必须把花下的媒体费用赚回来。

而李奥·贝纳的万宝路广告，就让奥格威在半年时间里，亲眼看到一个新品牌的崛起，引人注目地示范了品牌形象建立。然后经过奥美多年的实践，他深信：每一则广告都应该对塑造品牌整体形象有所贡献——同时它也是为建立品牌声誉所做的长期投资。如果广告采用长期的做法，很多日常发生的创意问题都会自行得到解答。

"品牌形象"理论得到极大的推崇。这一理念结束了之前普遍将广告看成一个又一个互不相关的短期促销行为的观念。通过一个又一个的广告长期树立产品前后一致的品牌形象成为共识。"人们消费的不仅仅是产品，更是形象""任何一个广告都是对品牌的长期投资"等金句从此被载入史册。

（2）为什么不做"一次性广告"，而要坚持以"品牌形象"的理念来做营销推广呢？奥格威说：

> 品牌形象是一种复杂的象征符号，
> 它是唯一可以使你的品牌成为美国生活一部分的东西。

越来越大的市场竞争让一些营销人陷入了误区，他们专注于说那些微不足道的不同之处，认为向消费者讲各种品牌共有的东西是毫无意义的。事实上许多产品彼此之间缺乏明显的实质差异，譬如啤酒、香烟、人造奶油等都很相似，甚至汽车也没什么特别的差异。真正决定品牌市场地位的是品牌总体上的个性，而不是产品间微不足道的差异。

（3）营销推广如果不说产品差异，那应该怎么做呢？奥格威回答：

> 品牌形象，就是要给产品一张头等舱机票。

奥格威认为大部分产品都值得赋予一个品质形象——一张头等舱机票。而此时的广告业正处于极端恶劣的局势。厂商削减广告费以从事销售网的下游促销活动，这种趋势愈演愈烈。许多厂商花在销售网下游活动的钱是花在广告上的数倍，这些人正在训练消费者养成买东西选价格而非选品牌的习惯。他们会慢慢走入困境，因为没有消费者会希望自己用的是下等货。

改变这种趋势，需要建立品牌形象，奥格威很擅于使用合适的代言人树立品牌形象。比如他给白俄罗斯贵族乔治·兰格尔戴上眼罩，让哈撒韦衬衫一夜之间闻名全国。之后，戴眼罩的男人出现在不同场景的广告中：在卡耐基大厅指挥纽约爱乐乐团、临摹戈雅的画、击剑、驾驶游艇、购买雷诺阿的绘画作品等，看上去这位高雅男士总是在思考下一个鸡尾酒会上该做些什么。广告文字是对衬衫制作工艺不厌其烦的描述。奥格威试图让消费者相信，这种衬衫是从 1837 年就开始生产的，而且在生产过程中被倾注了艺术的情感。结果表明，消费者也愿意相信。

哈撒韦衬衫广告

（4）那么如何做广告，才能建立形象，才能"给产品一张头等舱机票"呢？

奥格威认为其中最重要的有三点：

定位、承诺、大创意。

他在公司内部培训上说：定位和承诺于商场竞争中，占了一半以上的重要性。奥格威认为早期奥美公司在定位和承诺方面都无懈可击，但都缺乏大创意。它们都太单调，无法渗透消费者脑中的过滤网；它们太乏味，以至于不能为品牌建立形象；它们太烦人，以至于无法帮助销售。所以，奥格威在他的内部培训教材中加上：除非广告源自一个大创意，否则它将有如夜晚航行的船只无人知晓。

除了这三个重点之外，奥格威还提出了一个广告策划流程，将定位、承诺、大创意融入这个流程之中。

奥格威的策划流程

1983 年，奥格威出版了《奥格威谈广告》，其中给出了一个广告策划创作的大流程，再综合早期奥美内部训练教材中的相关内容，可能看出这个策划流程分成 7 个阶段：做好功课、定位与承诺、品牌形象、大创意、让产品成为主角、全力以赴、口碑相传。可以说这绝对是传播创意的核心流程，下面分别说一说。

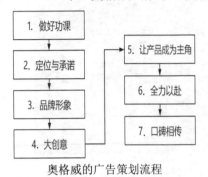

奥格威的广告策划流程

（1）做好功课。奥格威是推销员入行，调查员起家的。所以特别重视前期调查工作，这就是他所说的"功课"。首先研究产品；其次研究竞争者的成功手法；最后研究消费者，了解他们如何看待产品，用什么语言讨论问题，什么承诺最可能让他们购买，等等。

奥格威为劳斯莱斯写的广告

他认为这个过程即艰苦又乏味，但没有任何替代办法。奥格威接手劳斯莱斯汽车时，花了 3 周时间阅读汽车资料，在浩如烟海的资料中看到一句"在时速 60 千米的车上，最大的声音来自电子钟"，奥格威直接将这句用作广告标题，正文则是在充分消化调研资料后，撰写出长达 13 条充满事实的产品价值描述。这则广告成了他的代表作，后来位列世界 500 强的壳牌石油也是因为这则杰出的广告选择与当时还是小公司的奥美进行合作。

（2）定位与承诺。当时"定位"这个扑朔迷离的词，已经是许多营销专家的至爱，但含义却各执一词。奥格威个人定义只是："产品为谁、做什么？"他认为这是最重要的，其次是：你该给顾客承诺什么？大大的承诺是打动用户的法宝。

（3）品牌形象。这一点上面已经说得很充分，此处略过。

（4）大创意。奥格威认为只有大创意能吸引消费者的注意，没有创意的广告犹如在黑夜里海上驶过一艘船一样无声无息。在这里调查研究帮不上太多的忙，需要想象力和判断力。美林的广告选用了一群牛的照片，广告语是"美林在美洲牛气哄哄"，奥格威觉得这有点傻，但幸好广告已经通过了，多年以后那群牛仍然健在。奥格威还说：有时候最好的创意是以最简洁的方式"秀"出产品。这需要勇气，因为你将被批评为缺乏创意。

（5）让产品成为主角。产品本身如果区别不大，那就让广告来区别。但在达成这种区别时，别忘了在广告中要始终让产品成为主角。奥格威强调"让产品成为主角"，是对许多所谓形象广告的一种反对，就算是形象广告，产品也要成为主角。这一点，不可偏废。

（6）全力以赴。经过上面 5 个阶段，你就能创作出单纯而有力的广告，然后，全力以赴地传达它。有两个方面的全力以赴，一是从投放的量上来说要做到"饱和式投放"；二是在投放的时间上要数十年如一日地长期坚持，除非有直接证据表明它不再起作用了。媒体投放要达到一个临界点才能有大效果，否则就是浪费，饱和式投放就是大大超过临界点来投放，以保证效果的万无一失。所以，不要怕花冤枉钱，一开始多花点冤枉钱，代价是最小的。

（7）口碑相传。成功的广告活动最终要渗透到人们的日常生活中，让他们口口相传。

以上就是奥格威策划流程 7 个阶段的说明。

最后，补充一个充满戏剧性的地方。奥格威虽然创立了"品牌形象论"，但是他却对品牌中的标志设计不是很感兴趣，他说："商品标志以往是很有价值的，因为它使不识字的人也能识别你的品牌，但今天文盲已经消失。"他认为理想的广告设计需要像新闻美编学习，版面上不用出现标志，否则就像主动对人宣称"快看，这是一幅广告"一样画蛇添足。

　　奥格威还非常细致地教新人如何写标题、如何写正文、如何用图片以及如何排版，好像我的广告文案也是从这本书启蒙的。这些基本法则，都是奥格威从数据调查中得出的结论。例如，奥格威发现阅读标题的人是阅读正文的人的 5 倍，因此他坚持把品牌名写进标题；他认为在标题中使用否定词非常危险，比如"盐里不含砷"，很多人会下意识地忽略否定词，产生一种"盐里含砷"的印象……

　　最让人拍手称奇的是"如果有许多各不关联的事要讲，不要使用太多连词，只需编上号码即可"。上面那则劳斯莱斯广告的正文就是这样做的。

08
伯恩巴克：创意革命的巅峰

伯恩巴克位列美国"创意革命三大旗手"，另外两位是奥格威和李奥·贝纳。为什么要单独把这三位划到一个如此重要的组合中呢？

这些问题困扰了我很久。还好后来终于发现了这其中的秘密。

威廉·伯恩巴克

他凭什么位列"创意革命三大旗手"？

我们回顾从拉斯克尔探寻广告的奥秘开始，历经了约翰·肯尼迪的"纸上推销术"、霍普金斯的"科学的广告"、罗瑟·瑞夫斯的"USP 独特销售主张"、李奥·贝纳的"天生的戏剧性"、奥格威的"品牌形象"等行业思想。

其中，我们可以把拉斯克尔看作广告原理探究第一阶段的开端，而李奥·贝纳是第二阶段的开端。

第一阶段被称为"产品卖点"时代。

其思想从约翰·肯尼迪的"纸上推销术"出发，至罗瑟·瑞夫斯的"USP 独特销售主张"达到巅峰。在这个阶段，这些大师的思想和案例都是极其成功的。

但是，持该理念的广告通常强行推销、趣味恶俗、大噪声重复，也由此造成了全社会对广告的反感，而广告人却对这些广告对公众所产生的影响置若罔闻。这在印刷时代还好，人们不喜欢一个广告直接翻页就行了。可后来电视成了主流媒体，电视通常是一家人在观看，而且那个时代的电视没有遥控器，要避开恶俗的广告只能离开沙发走到电视前换台。广告业变成了一个人人喊打的行业。于是新一代广告人为了解决这个问题，纷纷提出自己的办法。这便进入了第二阶段。

第二阶段被称为"创意革命"时代。

首先是位于西部的广告人——李奥·贝纳创作的万宝路牛仔横空出世，震惊了全行业。这标志着，被瑞夫斯"USP独特销售主张"固化的广告营销业，让李奥·贝纳一个"天生的戏剧性"又生动起来。

接着奥格威站出来了，尽管奥格威声称自己是"硬销派"霍普金斯的信徒，但我觉得万宝路的牛仔对他的激发更大。他从自己的角度将万宝路的成功核心因素总结为"品牌形象"，并以此指导实践。这一理念非常成功，超过同期李奥·贝纳和伯恩巴克所提的理念。如果说USP是第一阶段的思想巅峰，那么品牌形象论则是第二阶段思想上的明珠。

接下来终于说到本期主角了。在行业大历史的坐标中，伯恩巴克起到了很明显的承前启后的重要作用，他是"创意革命"时代最大胆的创新者。但他一生未曾写过任何书籍，他所提出的理念未能受到奥格威式的疯传。这使得今天的行业后辈要理解他的精髓非常困难。下面就从创新、案例、思想三个方面来说一说。

设计师的价值被重视

伯恩巴克改变了以往的工作制度。在奥格威、李奥·贝纳和瑞夫斯的公司，创意中起主导作用的都是文案，而美术指导、设计师是不折不扣的配角。在当时，设计师的地位普遍很低，文案是瞧不起设计的。大家都认为：设计不就是文案写完文字以后，排个版、配个图吗？

这种传统的看法，都把设计师看成策划创意的最后一个环节，所以很多方案阶段的修改调整最终都压到设计这一最后环节；而且设计又是落地执行的最先一个环节，落地实施中无数的阻碍也会被追溯到设计师头上。这么重要的岗位却被看成是无足重轻的，设计普遍被认为是脑力劳动中的体力劳动者。

用一句话总结，便是大家都认为"内容大于形式"，而伯恩巴克认为"形式即内容"。他早年曾和保罗兰德共事，后者是美国平面设计教父。或许是这段经历让他坚信文案与美术应该通力合作、共同作业，一起创作广告作品。他的理由是这样的：

> 文字传达一个信息，
> 画面传达另一个信息，
> 两者结合传达第三个信息。

伯恩巴克这个理由，让全行业的设计师从此站起来了！设计师从此不再只是给文案排版配图的助手，而是拥有两次进一步提升传播威力的核心人才。创作人员不仅要洞察人类的本性，还要以艺术的手法去感动人。

在这种人才协作制度创新下，也诞生了一系列载入史册的精彩案例。

伯恩巴克初试牛刀

伯恩巴克第一个成功案例是奥尔巴克百货。

1949 年，他与两位合伙人共同创办恒美广告公司（又称为DDB）。奥尔巴克的老板非常欣赏伯恩巴克，愿意成为恒美的启动客户，并慷慨地预付了一笔费用。

奥尔巴克百货广告

奥尔巴克百货广告由伯恩巴克手下早期两位核心人员操刀：文案菲莉斯，美术指导盖奇。这则广告一出来，立刻让奥尔巴克名声大噪。这是一幅极其大胆的作品，它摒弃了瑞夫斯 USP 式的强硬推销。而且无论是创意、文字还是设计，都打破了现代广告教皇奥格威所立下的条条框框。一出来，就赚足了眼球。广告如下：

标题：慷慨的以旧换新。

正文：带上你的妻子，只要几块钱，我们将给你一个新的女人。

为什么你硬是欺骗自己，认为你买不起最新的与最好的东西？在奥尔巴克百货公司，你不必为买美丽的东西而付高价。有无数种衣物供你选择。

一切全新，一切使你兴奋，现在就把你的太太带给我们，我们会把她换成可爱的新女人——只花几块钱而已，这将是你有生以来最轻松愉快的付款。

标语：奥尔巴克　做千百万的生意，赚几分钱的利润。

这则广告，与之前的广告都不同，以前的广告太正襟危坐了。你如果认真读完，就会发现它完成了世纪难题：如何让低端的商品看起来不低端？

伯恩巴克说："如果我们想克服低级服装意味着低廉的价格的观念，在广告上就一定要呈现出尽可能最精明的图像与文案。"这则广告把奥尔巴克百货的低价优势幽默地传达给消费者，而又完全摆脱了低廉的感觉。其独特角度、夸张而不失真的表现，都引起了消费者的极大兴趣。

甲壳虫的缘起

恒美最伟大的作品，当数大众甲壳虫。

1958 年，恒美接手大众甲壳虫汽车的业务。甲壳虫汽车由费迪南德·波尔舍于 1933 年设计，但一直未能批量生产。不久二战爆发，大众工厂被迫转型生产军用车辆。直到战争结束，工厂由盟军接管，才开始生产甲壳虫汽车，当时主要服务于驻扎在德国的军人。所以它的设计理念很明确：一辆简单、耐用、低价的"国民小车"。采用后置风冷发动机，相对耐用又节省空间，所以在保证车内空间够用的情况下，车身可以做得比较小。底盘、悬挂和地板都保持了简约风格。在这之前，大众在美国一直有少量甲壳虫汽车在销售。主要购买者是一些美国士兵，他们从战后德国归来的士兵口中，了解到大众口碑极佳。

现在，甲壳虫汽车要进入美国的消费市场。而这里的消费者早已习惯了美式"肌肉车"，它拥有强悍的引擎、豪华的内饰、舒适的悬挂。相比之下，甲壳虫又丑又小又低端，还被汽车同行讥为"一文不值"。

广告界的反应也让该车销售前景令人担忧。在伯恩巴克手下工作过的传奇美术指导乔治·路易斯道出了其中的困境，他说："这是在犹太城里卖纳粹车。每个人都知道那是部为希特勒所造的德国车，它为纽约的犹太人所唾弃。"而给劳斯莱斯做出杰出广告的大卫·奥格威也说："要让我给一辆看上去像被整过形的汽车做广告，我非投降不可。"

因此，大众在美国的负责人哈恩和经销商一起跑遍了纽约的大部分广告公司，都一无所获。所得到的提案千篇一律：漂亮房子前幸福的一家，旁边停着光彩照人的甲壳虫。哈恩感到很绝望，经销商建议他找恒美去谈一谈，奥尔巴克百货的广告打动了他。恒美公司拒绝事先提供方案让哈恩觉得对方很傲慢，但伯恩巴克说：除非足够了解你的业务情况，否则怎么能清楚什么样的方案行之有效呢？

哈恩后来回忆道："他们的办公场所非常简陋，也不像其他大公司那样有一群派头十足的高级总裁。接待我的只有伯恩巴克一人，他在一间没有窗的房间里，给我看了一些案例……我当场就决定了，先给他们半年的广告费 50 万美元（这可是 1958 年）。"

名噪天下的 "Think small"

甲壳虫汽车广告 "Think small"

伯恩巴克迅速组建项目团队，带队远赴欧洲大众工厂实地考察，他要亲眼看看甲壳虫汽车是如何生产出来的。伯恩巴克指定文案朱里安·柯尼格、美术指导克朗为项目核心人员。经过不懈的努力，哈恩和伯恩巴克团队最终敲定了广告策略：甲壳虫是一部诚实的汽车，真实、透明、简单直接，拥有它是明智的选择。

为了表达甲壳虫的诚实，伯恩巴克冒天下之大不韪，在广告中直接"毁谤"产品。比如下面这幅"Think small"。

标题：小气。

正文：曾有 18 个大学生一起挤进了一辆大众车里，这确实很挤。因为它的合理空间是为一个家庭而设计的。妈妈爸爸加三个小子正好适合它。

在节油比赛中，大众轿车平均每加仑可跑近 50 英里。当然你不可能做到，毕竟职业车手都有些精明的职业秘密（想知道吗？写信给我们：安格武德郡 65 号信箱）。

大众轿车比传统车子短四英尺（前座却有足够的腿部空间），当别的车子还在拥挤的街道上找车位时，你已经停好车了。

大众汽车的零件不贵。前叶子板在代理行只要 21.75 美元，汽缸头 19.95 美元。更美妙的是，其实你很少需要换它们。

一部全新大众轿车 1565 美元，除了收音机和侧视镜，这车子有你所需要的一切。

1959 年大约有 12 万美国人因为小气而买了它。

这个广告的标题常常被译为"想想小的好处"，但偶然间看到王勇将"Think small"直接译为"小气"，却是神来之笔！在大家全都自夸自大时，冒出一个说自己"小气"的小车，可以想象这在当时定会引起轰动。

不过，更广为人知的是后来的这幅"Think small"，它被视为二战后最知名的广告。

另一个版本的"Think small"

标题：想想小的好处。

正文：我们的小车再也不只是个新鲜的小玩意。

不会再有一大群大学生试图挤进里边。不会再有加油工问它的油箱在哪里。不会再有人感到它形状古怪。

事实上，拥有它的人都已经知道它的优点。如 1 加仑汽油可以跑 32 英里，比其他汽车节省一半汽油。不需防冻剂，能够用一套轮胎跑完 4 万英里。

也许你一旦习惯了它的节省，就不再认为小是缺点了。当你挤进一个狭小的停车场时，当你购买小额保险时，当你支付微不足道的修理账单时，或者当你用旧大众换新大众时。

想想这些小的好处。

这样的广告一出来，让汽车行业人士大跌眼镜，谁也想不通甲壳虫的广告为什么要自曝其短。不过这还不算完，下面这则"柠檬"的广告更是把"毁谤"发挥到了极致。

甲壳虫汽车广告"柠檬"

标题：柠檬。

正文：这辆大众汽车没赶上登船装运。

它仪器板上放杂物处的镀层受损，必须更换。你或许没注意到，但检查员克尔诺注意到了。

我们设在沃尔夫斯堡的工厂中有3389人唯一的任务就是：在生产过程中的每一个阶段，都会去检验"甲壳虫"。（每天生产3000辆大人汽车，而检查员比生产的车还多。）每辆车的避雷器都要检验（绝不作抽查），每辆车的挡风玻璃也要经过详细的检验。大众车经常会因肉眼看不出来的表面抓痕而无法通过。

最后的检验更是严苛！"甲壳虫"的检验员把每辆新车送上测试站，通过总计189处的检查点，每50辆甲壳虫中总会有一辆被人说"通不过"。

对一切细节如此全神贯注的结果，意味着甲壳虫汽车比其他的车子耐用而不大需要维护（其结果也使甲壳虫的折旧较其他车少）。

我们别除了柠檬，你得到李子。

由于柠檬是一种外表金黄、内瓤酸涩的水果，因此美国人把有缺陷的汽车称为"柠檬车"。后来美国各地陆续出台保护汽车消费者权益的法律，就被称为"柠檬法"。在这样一个全民关注的背景下，甲壳虫汽车广告柠檬篇可谓是追热点的鼻祖了。

早年国内大多数资料只披露了"Think small"这一稿，以至于很多人都以为当年的恒美只创作了这一张广告，就让甲壳虫把美国市场搞定了。事实上，这一系列广告从 1959 年一直做到 1977 年，有很多张。

大众唯一需要水的地方就是洗车

你的夫人迟早都会自己开车回家

其中有趣的标题有："再过几年，它就开始好看了""某些人收入太高，而大众格调过低？""大众唯一需要水的地方就是洗车""我正想曝光大众车能浮在水上的虚假广告，有趣的事却发生了""你的夫人迟早都会自己开车回家""如果它没油了，也很容易推动"……

这一系列广告通常有一张典型的大图，图下方是一行惹人争议的标题。而美

如果它没油了，也很容易推动

术指导克朗在奥美标准模板的基础上实现了质的飞跃，画面风格独树一帜。除此之外，还有以下几个共同点：

（1）大多数标题都是负面的，也是坦诚的，这是以前从未用过的手法；

（2）都充满小幽默，让读者感到愉悦；

（3）在愉悦的基础上，巧妙地糅合进产品的卖点。

这三步套住了消费者的心，没有人再觉得它的小和丑是缺点。所谓"物极必反"，人们甚至觉得它小得恰到好处，丑得美轮美奂。

除此之外，伯恩巴克团队还做了大量其他工作。比如举办学生比赛，看一辆甲壳虫能装多少人（最多装 103 人）。还让甲壳虫出演了电影。甚至还制造了很多甲壳虫笑话，比如有位车主在前车盖里看来看去，然后说，发动机不见了。他朋友说，你真幸运，他们送了一个备用发动机在后备厢中（甲壳虫是后置引擎）。

这些标新立异的广告营销，引起了婴儿潮一代年轻人的追捧，这个庞大的消费群体有力地推动了甲壳虫的销售。他们是二战后美国生育高峰出生的孩子，此时大多进入少年时代，他们需要购买人生第一辆车。每一代人都想与上一代人做出区分，而甲壳虫成为婴儿潮一代年轻人彰显独立的象征。

在 1968 年，甲壳虫汽车在美国售出 42 万辆，高于其他任何单一车型的销量，甚至超过了福特 T 型车。这一持续的广告战略，让大众小型车一直占据主要市场，直到日本汽车进入美国。

成功的核心：对消费者的尊重

大众广告的成功，使恒美成为新一代广告公司的全民偶像。尽管市场上占主流份额的仍是传统大型广告公司，但新一代公司占领了行业话语权，各类广告营销奖杯基本上也都颁给了新一代创意型公司，而市场上的大企业也逐渐接受了这些新一代创意型公司的做法。

创意革命由李奥·贝纳率先开局，然后由奥格威集理论之大成，最终在伯恩巴克手中华丽绽放。下面说说他的几大贡献。

（1）从伯恩巴克开始，广告营销行业变得更愿意主动为消费者着想。回想上面的案例，无论是奥尔巴克百货，还是大众汽车的广告，都不再使用有效但粗暴的方式侵入消费者的生活，而是通过创意提升了对消费者的尊重，而消费者则大都回报以行为。

（2）从伯恩巴克开始，整体行业开始追求原创。在此之前，连奥格威的劳斯莱斯广告都毫无顾忌地直接使用杂志文章做标题。而伯恩巴克认为原创是必要的，为了追求原创，甚至应该允许一定程度上的失败。如果在情感上不允许失败，创意就失去了成长空间，要达到他所要求的原创性，同时还不能失败，这是难以想象的。

在原创之外，他还提出广告要有震撼力，原创的东西没有震撼力是不行的。而这一切最重要的前提是：要与产品有关联。所以，关联性（Relevance）、原创性（Originality）、震撼力（Impact）就是一个广告需要同时达到的三个标准，被称为 ROI 理论。

（3）伯恩巴克还改变了获取客户的规则。之前的广告公司大都坚信"调研至上"，但他们会在不了解产品的情况下，提供详细方案以争取客户。伯恩巴克虽然口头上说"调研无用"，但他始终坚持不了解产品，就不能出作品。连大众汽车上门，他都说：除非足够了解你的业务情况，否则怎么能清楚什么样的方案行之有效呢？

从不试稿，可以看出伯恩巴克对客户的坚持。更夸张的是，他曾对一个刚签约的客户说："给我们 90 天时间，先去熟悉你的业务。然后你按照我们写的广告，原封不动地投放到我们指定的媒体。"新一代广告公司渐渐普遍采用了伯恩巴克的方式来争取客户，减少了没有实际意义的工作量。

（4）最后，伯恩巴克是位好伯乐，恒美公司不但人才济济，还不断孵化输出影响全行业的顶级大腕，比如知名的创意天才乔治·路易斯、广告界无冕女王玛丽·韦尔斯·劳伦斯。

他们将继续按伯恩巴克指引的方向，在下一个时代里，熠熠生辉。

09
乔治·路易斯：说定位是屁的广告狂人

乔治·路易斯

伯恩巴克以经典案例与人才发掘成为"创意革命旗手"。而在他的恒美公司出现了很多创意天才，其中最为我们所熟知的便是——乔治·路易斯。

乔治·路易斯学生时代，正是广告事业飞速发展的时期，但没有任何一所学校开设有广告专业。在这个新鲜的领域，只有在美术院校的平面设计专业才有接受正式教育的机会，于是他学了设计。后来乔治·路易斯位列创意名人堂时，设计出身的他在一大圈文案出身的创意名人中显得额外耀眼。

《广告狂人》的原型

当他毕业进入广告界工作时，正值伯恩巴克的创意革命如火如荼，乔治·路易斯加入其中，后来又出来创办 PKL 公司。他们共同反对早期流行的 USP 式广告。他认为这种广告是暴力敲打消费的脑袋，在药品广告中暴力敲打得特别严重，比如防蛀牙药品的广告就会出现很多蛀牙洞。后来，乔治·路易斯也做了一个儿童咳嗽药的广告，这则广告上什么图片也没有，只在纯黑底色上有两句对话：

约翰，是比利在咳嗽吗？

起来给他吃点咳定。

这就是乔治·路易斯的典型风格：没有商品成分，没有功能解释，没有不快的咳嗽场景，甚至没有企业标识……这在传统广告中是不可想象的，而这则广告却被视为新一代创意的典范。

就算有明星代言，乔治·路易斯也毫不收敛，比如下面这则口红伴侣的广告。一次使用了两位名人，左边的是正在涂上科蒂口红伴侣的谐剧女星艾莉丝，右边是涂好之后的性感女星乔伊，标题是"一支科蒂口红伴侣，把艾莉丝变成乔伊"。这种正大光明的"骗术"受到爱美女士的热捧。

一支科蒂口红伴侣，把艾莉丝变成乔伊

由于他的作品通常有石破天惊的表现，乔治·路易斯被视为"麦迪逊大道上的疯子"（热剧《广告狂人》据说就是以他为原型创作的）。他写作的 *What's the big idea?* 是风靡广告界 20 年，颠覆市场的创意之作。这本传说中的必读经典，于 1996 年引入中国，译为《蔚蓝诡计》。书中通过无数创意战引爆市场，被龙之媒创始人徐智明评为"宛若神话"。还有他另外一本书《广告的艺术》，被誉为"大众传播学的《圣经》"。

下面说一说最重要的三个案例。

1. 哪一张才是原稿?

随着乔治·路易斯的声名远播,科技界的新星——贺洛德施乐公司也在 1958 年与他合作。与之前为各类小商品做广告不同,这一次,标志着他从此被一线大公司认可。最初的贺洛德施乐公司还少为人知,曾经被奥格威拒之门外。乔治·路易斯首先说服他们把名称改成了简单好记的"施乐"。

该公司研制的施乐 914 复印机是全世界第一台自动商用复印机。它复印清晰,操作简单,不会弄脏手。此时,施乐公司预算有限,按照精准营销理论,针对全国 5000 家代理商,投放了一些商界杂志广告。

乔治·路易斯认为:光靠杂志只能卖掉几千台复印机,如果施乐公司允许在电视上做一流的示范,那么施乐复印机就可以一夜成名。因为只有新兴的电视这种大众媒体,才能让施乐的神奇机器变成全民话题。从而打动数百万秘书,让他们怂恿老板去买一台。

而施乐董事长威尔森却认为,在电视这么贵的新事物上一次就浪费掉大笔预算,广告公司与土匪无异。路易斯回应说,要知道大部分生意人并不了解它的好处,他们认为复印机是多余的废物,还占据了办公室很大一块地方,操作时还会将油墨喷到白衬衣上。如果不这么做,施乐的产品可能真的会被认为是个废物。

施乐最终同意乔治·路易斯花 30 万美元的微薄预算在 6 家电视台上投放了电视广告。广告中,一位父亲让小女孩复印一封信,小女孩将信交给父亲时,他非常夸张地问:"哪一张才是原稿?"在 1959 年,能看到从机器里跑出一张完美的复印文件是非常神奇的。然后,施乐不断出现在 6 家电视台的新闻报道中,施乐的经销商再也没打过拒绝进货的电话,这一切都是良好的开端。

不久,有一位竞争对手向电视台和政府进行申诉,说这是个骗局,没有一台复印机能这么容易操作。这样一来,广告就被迫中止播放。

但乔治·路易斯并没有气馁,认为有对手提出控告是好事,很快想好了应对办法。他在媒体和监督员的见证下,重新拍摄了小女孩的广告。不过他还做出一个疯狂的举动——把操作复印机的小女孩换成了一只猩猩。简单得连猩猩都会，这果然让施乐一夜成名。广告播出6个月后，施乐又赞助了很多电视文化节目。

施乐914复印机广告

最终，老板们在设计办公室时，开始把摆放施乐914复印机的地方规划在显著的位置，人们普遍认为有施乐复印机的公司，才是一家有水准的现代化公司。

2. 给约翰的一封信

大约在20世纪80年代末，乔治·路易斯碰上了一个真正的难题。宝琳是一位很有天分的时装设计师，之前曾受路易斯的邀请参与广告演出。有一天，两人在一次聚会上又见面了，宝琳叫住了路易斯说："乔治，人们以为我死了！"

宝琳坦言了当前的困境：在20世纪60年代，宝琳曾是伟大的女装设计师，她设计的女装外套受到温莎公爵夫人等社会名流的喜爱。同时她的复古连衣裙也很受欢迎。但在1970年一个电视访谈中，她嘲笑了当时流行的迷你裙，从而得罪了推崇迷你裙的媒体巨擘——《女装日报》总裁约翰·费尔柴尔德，遭到他旗下全部时尚媒体的封杀，使自己丧失了展示才华的空间，一时间在服装界销声匿迹。

一般来说，被巨头封杀的人，都只能三缄其口，忍气吞声。但宝琳不愿在人为因素中埋没自己，她请乔治·路易斯帮助她。乔治·路易斯安排助理打电话给8位深谙流行的朋友。果不其然，有6人认为宝琳去世了，2人认为宝琳退休了。宝琳对自己的评估"人们以为我死了"非常准确，而现在就要让她像英雄一样重新站起来。但如果在广告中直接挑衅或反击，就拉低了宝琳的形象。那该怎么办呢？而这确实是一个真正的难题。

当时传下来一种社会习俗：二战期间，一位叫约翰的美国大兵收到女友来信，告之她已另结新欢。经过媒体的曝光，这封以"亲爱的约翰"开头的信风靡一时，普遍流行于男女之间。这封信后来渐渐成为女生对她的男朋友说分手的代名词。

乔治·路易斯灵机一动，他立刻也写了一封给约翰的公开信。

不过，它与传统的分手信刚好相反，文字上完全是一封充满幽怨与眷恋的复合情书。所有文字全部手写在宝琳的私人信纸上，周围摆放着宝琳标志性的饰品——钻石海龟（钻石海龟是宝琳最喜欢的服装珠宝，她常把它钉在所设计服装的肩膀或袖口上）。

给约翰的一封信

以下是信的内容：

亲爱的约翰：

经过这么多年，我还收藏着我们过去美好的回忆。我们之间是真的完了吗？你既不打电话，也不写信给我。但我依然爱你。

——宝琳上

这幅大胆的广告让宝琳又惊又喜。好一封柔情蜜意的公开信，借助与传统社会习俗的强烈反差，使她发出了有力的声音，并站在了道德的制高点上，让这位来自法兰西的女设计师成为时尚界的"圣女贞德"。但是宝琳的家人、朋友和银行都警告她，这则广告会毁了她。经过好几天的纠结，宝琳背着家人和银行决定投放这则广告。

这则广告于当年 8 月底刊登在《纽约时报》时尚版，这让流行时装界的每个人都能看到。

在当天的商业版，还有提前看过广告样的专栏作家罗森堡的专题文章《一封来自宝琳的控诉》，文章以宝琳的话为结尾："这不是一场争辩，我只是想向世界证明，我还活着。"

广告出街之后，宝琳的新日子到来了。原来的客户看到广告，纷纷向她下了新订单。她不断收到恭贺的信件，市长甚至从国外打来电话赞赏她。宝琳沉默了好些年，现在轮到约翰保持沉默了。与约翰斗争的宝琳成为媒体的热门话题，一连串的文章报道了她的勇敢与才华。

宝琳于 1993 年获得了 CFDA 名人堂奖，后来她的名字还被雕刻在纽约第七大道上。

3. 诺加很丑

最后这个案例，我们让时光倒流至 1960 年。

优耐陆橡胶公司开发了一种人造皮革，它采用了乙烯基涂层，质量很好。优耐陆给这种创造性的人造革取了个名字叫"诺加海德革"，投放到市场上。

因为质地优良，诺加海德革成为皮革的超级替代品。没过多久，这个发明招来了很多剽窃，各个商店出现一堆仿冒品。消费者面对泛滥的商品，根本分不清它们之间的区别，也不知道哪一种才是优耐陆的神奇产品。营销的首要目的，是把诺加海德革与其他仿制品区隔开来。

乔治·路斯易用诺加海德革制作出一个奇丑无比的神秘怪兽，名称就是这种产品名的前两个字"诺加"。然后给这个神秘怪兽赋予了一个传说，诺加虽然长得很丑，但它一年脱一次皮造福人类，这种皮就是诺加海德革，制成的物品既漂亮又耐用，因为它可是"诺加"的皮。

"一年脱一次皮"的神秘怪兽"诺加"

"诺加"成为诺加海德革的代言人,它将出现在电视中,出现在商店门口,变成商品的吊牌,还将在行业展销会上独领风骚。优耐陆广告经理杰克·特劳特非常喜欢这个创意。但公司的律师怕贸易委员把"诺加"视为一种真正的动物,而使其被列为虚假广告。

乔治·路斯易把"诺加"看成自己的儿子,自然不会轻易屈服。他发起一项目调查,在监督员的监督下,拿着印有"诺加"的广告询问大量消费者。显而易见,所有人都认为:这不是真正的动物,不过是肥肥的、丑丑的、长着大牙的卡通玩偶。乔治·路斯易用这份调查报告堵住了律师的嘴,公司高层也在广告经理杰克·特劳特的说服下,同意了广告投放。

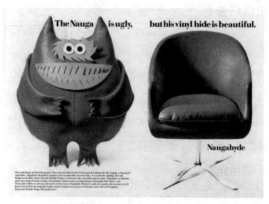

诺加很丑,但它的皮很漂亮

第一则广告《诺加很丑,但它的皮很漂亮》刊出数天,零售商开始争着要"诺加"的吊牌,因为小朋友要收集,而且还鼓动父母买"诺加"玩偶。而父母只要一看到"诺加"就能辨认出这是最棒的诺加海德革制品,尽管他们清楚"诺加"只是虚构出来的动物,但还是想知道诺加海德革制造的产品是否真的来自"诺加"的皮。

这一个经典的案例中,乔治·路斯易不仅解决了市场的当务之急,还创造了一个世界上最早用于商品的 IP 角色,这一经典角色也被诺加海德革沿用到今天。

乔治·路易斯推崇大创意

拥有无数超级案例的乔治·路斯易，很反感传统学究式的广告营销，认为那样只能产生"小创意"，而他的一生只推崇"大创意"。他认为大创意能让一百万看起来像一千万，让营销效果极致扩大。

大创意可以让广告领导产品。而要达到这种领导地位，广告的想象力要走在产品之前。广告应展现的不一定是产品的模样，而是该产品可能变成的模样，这就激发了人们对产品利益的信任，并给予制造和销售该产品的人一种坚定意识。

如何产生大创意呢？我总结了以下几条。

（1）要相信广告有某种神奇魔力。乔治·路斯易认为广告是"说出真理的谎言"，这句话源自毕加索的"艺术是说出真理的谎言"。他认为创意人一定要相信消费者们相信广告能让食物变得更好吃，广告能让衣服穿在身上更好看，广告能让车更好驾驶的"谎言"。如果广告人不相信这一点，那么他们所做的广告，也就不能让食物更好吃，衣服更好看，车更好驾驶。不幸的是，传统老一派广告人陷入营销科学的藩篱，对广告的神奇魔力感到困惑。

（2）用一句话定义营销问题。在这个问题上，不能含糊其辞，不能复杂化，不能神秘化。仔细推敲，就能将营销问题过滤成一句简单的话。一个好的问题，常常会激发好的创意。比如女装设计师宝琳的案例，宝琳自己就用一句话定义了营销问题：作为一个多年被迫保持沉默的时装设计师已经过气了，"人们以为宝琳死了"。

（3）用一个大创意来一次性解决问题。所有成功的广告都是庞大的营销拼图中的一部分，它与市调、媒体、活动以及其他营销工作共同发挥作用。但是，广告一旦失败，这些所有的游戏规则就都不管用了。"伟大的广告都归功于大创意，但不是去'创造'创意，而是去发现它们——当它们在空气中飘向我时，我将其捕捉。"

（4）保护大创意，推动客户执行。再牛的作品，它本身都不能为自己叫卖，一切要靠人来保护它被执行出来。为了卖出一个创意，乔治·路斯易是很拼命的。乔治·路斯易曾站在高楼窗台的边缘，大声对面包商喊道："你做你的面包，让我来做广告。"这可能是唯一以死进谏的提案，客户立刻同意了他的方案，并告诉他："年轻人，假如你以后不干广告，倒适合来卖面包。"

定位是个屁

除了推崇大创意，乔治·路易斯还反对当时刚刚流行的"定位"理论。他曾说过"定位是个屁"。在"诺加"的案例中，乔治·路易斯对接的甲方经理是杰克·特劳特，而这位特劳特正是后来的定位理论创始人之一。

特劳特在"定位"一词大行其道时，宣称"今天，创意已死，麦迪逊大道的新游戏是'定位'"。作为大创意的倡导者，乔治·路易斯自然对定位派宣称"创意已死"的说法很有意见。

他认为"定位"简直就是废话。在他的工作中，定位是创意过程中一个非常明确的前期步骤，早已被创意人员理解和接受，无须过分强调，就像没必要教别人上厕所前要拉开拉链一样。这便是路易斯在《蔚蓝诡计》中说"定位是个屁"的理由。

其实，乔治·路易斯并不反对定位，他反对的是过分强调定位，反对将定位视为广告营销的一切。他认为过分强调定位，或将定位视为一切，会带来非常不好的后果：认为只要有定位就行，创意则无关紧要。

就拿上面的案例来说，诺加海德革的定位自然是：正宗的乙烯基人造革。但你直接这样说出来，恐怕并不会在市场上有什么大的起色，而一个"诺加"小怪兽的创意，就完美地诠释了这个定位。

同样的，乔治·路易斯把设计师宝琳定位为第七大道上"圣女贞德"般的女英雄。但他并不是直接说宝琳是圣女贞德或宝琳是女英雄，而是通过一则《亲爱的约翰》直指人心，让全民为之动容。

尽管乔治·路易斯反对将"定位"这个词特殊化，但"定位"却发展成影响力极大的概念。

下一章，我们争取给"定位"一个清晰的定位吧！

10
里斯与特劳特：定位的前世今生

那到底什么是定位，它能被说清楚吗？

这当然不是一件容易的事。因为所有人都在说定位，却越说越玄乎，而且一旦要将它嵌入系统性的应用层面，又都软弱无力。今天，我尝试将定位的前生今世，以及各个时代营销大师对它的观点一次性梳理出来。

那么，开始吧！

万物基于定位？

"定位"一词，从诞生之日到今天，一直都是广告营销行业全民争论的热点。在行业中，有非常多的人把什么都往定位上套。

最极致的是我看到一个策划师的 PPT 报告，他在每一小节的标题后面全都加了"定位"二字。通篇看下来：市场定位、客户定位、心理定位、品牌定位、产品定位、价格定位、广告定位、视觉定位……包括正文，"定位"二字出现的次数不下 100 次。这类策划人其实不在乎这些理论到底是什么意思，只要能把客户搞晕就好，浑水好摸鱼。

1972 年，是定位理论与大众见面的关键年份。那一年，艾·里斯和杰克·特劳特联合在《广告时代》杂志发表定位系列文章，宣告定位时代的到来。后来，二人又联手写成《定位》一书。

艾·里斯（右）和杰克·特劳特（左）

　　这本书读起来也不难，没有晦涩的理论，也没有难以理解的词语，还讲了很多案例，比起科特勒的大部头，算得上通俗易懂。可我很多年前读完之后，感觉就像没读过一样。如果有人问我《定位》到底说了什么，我只能说这本书通篇都在讲定位，但读完就是不知道什么是定位。这其实是正常的，因为定位这个概念不是读一遍这本书就能理解的。

　　人们热衷于将营销中一切术语都跟"定位"这两个字组合在一起，形成一个新的概念。当定位混合使用得越来越普遍时，到底什么是定位也越来越模糊。

　　不能搞明白的时候，应该去源头看看。

定位的起源

　　1950 年，艾·里斯进入通用电气公司开始其营销生涯。从那时起，他一直在"寻找和探索关于营销和建立品牌的基本法则"。1963 年，正是创意革命如火如荼的年代，艾·里斯也满怀激情地在纽约成立了一家新的广告公司。

　　晚年的艾·里斯在 2017 年举办的第三届定位中国峰会上回忆了当时的情景。他说：那个时候广告行业的思想，是受 3 个人主导的，分别是罗瑟·瑞夫斯、大卫·奥格威和伯恩巴克。罗瑟·瑞夫斯提出了独一无二的卖点（USP），所有广告都应该关注一个独一无二的特性。大卫·奥格威提出每一个广告其实都是长期投资——都是对品牌形象的长期投资。伯恩巴克则提出了要关注广告的创造性和创意，如果一个广告有创意，那它的效果就相当于十个广告。

那时的艾·里斯作为一个新开的小广告公司的老板，一心想在这些巨头中脱颖而出。他研究了大量的广告案例，发现凡是能给顾客留下持久印象的广告，都包含着一个重要的概念，这个概念便于顾客在心智中给品牌快速贴上标签。

艾·里斯最开始把这个概念称为"Rock"，中文叫"岩石"，寓意这个概念在所有的广告中要像岩石一样坚定不移。

从"岩石"到"定位"

优耐陆橡胶公司经理杰克·特劳特，在乔治·路易斯的帮助下，成功推出"诺加很丑"的经典形象后（详见本书第9章），诺加的案例应该给了他很大的启发，之后一心要加入广告公司大展拳脚。几经辗转，终于在1968年来到了艾·里斯的这家公司。特劳特很喜欢"岩石理论"，但认为"Rock"这个词不够酷。于是他提出将其改成更"高大上"的"Positioning"一词，即定位。这就是定位的起源。

由于特劳特成功预言了他的老东家——通用电气进军计算机市场必然失败，引起了大家对"定位"的关注。然后，两人陆续发表了许多相关文章和书籍，开始对"定位"进行启蒙。

等到1972年，美国营销界权威杂志《广告时代》又发表了两人合著的《定位新纪元》文章，便引起了强烈轰动，"定位"一词进入人们的视野。1981 年他们合作出版了《定位》一书，该书随即成为广告营销界经久不衰的畅销书。

定位的官方定义

在最新版《定位》一书（2017 经典重译版）中，对"定位"是这样定义的：

> 定位，就是如何在潜在顾客的心智中做到与众不同。

对于这个官方定义，我总觉得是隔靴搔痒，很难看明白定位的精要。

里斯和特劳特认为广告营销是一场关于心智的竞争，找到一个差异化的"定位"是进入心智的捷径。从字面意思来说：定，就是定住不变；位，就是消费者心智中品牌阶梯的位置。定位，就是让你的品牌在顾客心智中占据一个独特的有利位置，使品牌成为某个类别或某种特性的代表品牌。

艾·里斯对这个定义有一个很好的补充：定位，简而言之，就是"一词占心智"。定位的目标是"占心智"，要求品牌用外部视角来看待市场、竞争和自身。定位的手段是"一词"，信息应尽可能简化，追求"大道至简"。

从书中的定义来讲，定位理念有几个重点，我在这里说一说。

（1）强调顾客心智。里斯和特劳特认为：人们对自己关注的品类中的品牌，都有自己默认的排名，作者在顾客心智里架了一把梯子，将这些品牌依次放置。顾客在选购某类产品时，是按心智阶梯中的排名来进行购买决策的。所以产品是不是第一个出现在市场上不重要，重要的是要第一个占领心智。

（2）重视竞争。一个市场如果没有竞争，就不需要定位。定位因竞争而生，两位作者重视竞争对手胜过重视消费者。甚至认为市场已经从顾客导向转变为竞争导向。

（3）强调差异化。在相当长的一段时期内，各个行业的品牌相互竞争——它们都在争做最好。而定位理论提出之后，改变了"争做最好"的游戏规则，变成争做差异化。虽然 USP、品牌形象等理论也提倡差异化，但定位毕竟将这一点看得特别重要。

（4）定位着眼于品牌，而非着眼于产品。定位始于产品，但并非要改变产品，而是要在潜在顾客的心智中对产品进行定位。所以"产品定位"的说法是不正确的。

（5）定位是一种新传播方式。书中案例大多源于广告，因为广告是所有传播方式中最难的一种。至少早期定位是一种新传播方式，后来就拔高到战略层面了。

以上 5 个重点，基本上囊括了早期定位理论的方方面面，接下来我们看看定位的案例。

安飞士：我们只是第二

首先声明，安飞士是伯恩巴克旗下恒美公司的知名案例。为什么这个案例没有出现在伯恩巴克那一章呢？因为里斯和特劳特在书中大力宣扬：这个案例是定位的典范。

1963 年，安飞士是一家已经连续亏损了 10 多年的租车公司，市场份额远远落后于行业老大——赫兹租车公司。投资者起用汤赛德为新任总经理，以挽救危局。汤赛德首先整顿公司内部，他撤掉秘书，解散公关部，让管理层和基层员工接受相同的培训，大力提升服务……经过一段时间的努力，内功练好了，这时就需要让市场知道安飞士已经做出了改变。

汤赛德在接触了多家广告公司后，只有伯恩巴克拒绝事先做提案，而且被告之以后不允许修改方案。汤赛德最终将安飞士的广告业务交给了伯恩巴克的恒美公司。

伯恩巴克的成名绝技是：能从产品的缺点中看到优点，并使劣势成为优势。与之前经典的大众甲壳虫汽车广告一样，安飞士广告也是直面产品的劣势，赢得消费者的关注，然后巧妙地将其转化成顾客的潜在利益。而在设计上，一反大众甲壳虫广告的大图小字模式，采用大标题、长文案搭配小图片。设计师坚信广告整体突出的设计风格足以带来品牌认知，所以广告里没有出现安飞士的商标。

安飞士系列广告

在这一系列广告中，开篇广告的标题是："安飞士只是第二，为什么租车时应该选择我们？"广告正文则解释正因为是第二，所以"我们比别人更努力"，广告描述了顾客在安飞士可以少排队，在安飞士车都洗得很干净，在安飞士车都不会坏等利益点。

这则广告之后，恒美公司又陆续推出更多的广告，它们都延续了同一个主题——"安飞士比别人更努力"（尽管广告没有明说"别人"是谁，但消费者会自动脑补"别人"是行业第一的赫兹），慢慢这成为了无可争辩的逻辑事实。

伯恩巴克的高明之处就在于敢于以劣势为卖点，同时申明了公司不忘顾客的厚爱，努力工作的积极态度。这一表态引起了美国消费者的极大兴趣和同情。因为崇拜强者与同情弱者是人类普遍存在的两种感情，安飞士广告唤起了人们的同情心理，他们都从心里认同"谁说第二就不好呢"。

这一系列广告看似犯了很多严重的错误，但所产生的效果有目共睹。第二年安飞士就扭亏为盈，每年利润增幅喜人，连续的广告投放让一个连年亏损的公司稳定地成为了行业第二名。

一般到此故事就说完了，但安飞士的故事还有下半场。

几年之后，安飞士已经壮大到可以与赫兹一较高下了。它打出广告说："安飞士将成为第一。"

赫兹自然坐不住了。1966年，赫兹决定反击安飞士。然而在公开场合直接回应竞争对手是不明智的，很容易弄巧成拙。虽然安飞士出手在先，但处在弱势地位的人总是容易获得同情。稍有不慎，就显得赫兹小肚鸡肠。

赫兹反击安飞士的广告

卡尔·阿奈为赫兹解决了这个难题，他创作的广告标题是："这么多年，安飞士一直在强调赫兹是市场第一？"副标题是："现在我来告诉大家为什么。"

赫兹在广告中提醒消费者，为什么他们能做到第一，同时揭露安飞士的短处。结尾说"赫兹不愿公开这样做，但我们别无选择"。卡尔·阿奈的广告成功阻击了安飞士的挑战，让赫兹坐稳了行业头把交椅。

接下来，我们就来谈谈这个案例。

用定位来解读安飞士

租车行业的心智阶梯

里斯和特劳特认为，安飞士广告成功的关键不是"安飞士更努力"的创意洞见，而是"安飞士是第二"的定位。

在广告宣传中，重要的是让顾客知道你想要填补什么样的心智空位，而不是宣传产品的利益点。在顾客心智中"租车"这一产品阶梯上，赫兹是公认的第一，安飞士是第二，全美是第三。安飞士广告的成功不是因为工作更努力，而是因为它的广告关联了行业第一名——赫兹。这些杰出的广告把潜在顾客心智中排在产品阶梯上第二名的安飞士同第一名赫兹联系起来，用赫兹的第一衬托自己的地位，使一般顾客通过第一而认定第二，这是一种优秀的定位策略。

当安飞士不再满足于第二名的时候，它就偏离了自己的定位，广告说"安飞士将成为第一"，潜在顾客只会想："不，你才不是第一呢。"

安飞士属于"跟随者关联定位"，除此之外，他们在《定位》一书中还提出了"领导者抢先占位"和"为竞争对手重新定位"，这是最基本的三种定位方法。

（1）领导者抢先占位。如高露洁抢先占领中国市场"防蛀"阶梯的第一位，这种领导者定位让它赢得了持久的市场优势。

（2）跟随者关联定位。除安飞士之外，最知名的案例就是七喜定位为"不含咖啡因的非可乐"，关联了可乐这一主流饮料。"非可乐"的定位，让七喜在可乐之外的饮料市场占尽了优势。

（3）为竞争对手重新定位。如百事定位为"年轻人的可乐"，这就将可口可乐推向了传统保守的心智阶梯，从而站稳在可乐市场上。

到这里，我们接触了最基本的定位思想。

此时，你想了解伯恩巴克是怎么回复两位新人用"定位"来解释他的杰作的吗？

定位与 USP、品牌形象没什么区别？

伯恩巴克的回复很干脆："胡说八道。"

为什么伯恩巴克会认为"定位是胡说八道"呢？

因为不仅仅是安飞士，里斯和特劳特还把大众甲壳虫、施乐复印机，甚至万宝路牛仔等这些创意革命领军品牌的知名案例全部重新解释为：它们的成功都是"定位的成功"，这些伟大杰作的创意没什么大不了的。

比如大众甲壳虫，里斯和特劳特认为它占据了心智中"小车"的空位，所以成功了。又如万宝路，里斯和特劳特认为它占领了男子汉香烟的品牌定位，所以也成功了。

这引起了不少知名广告人的反感。

除了伯恩巴克说定位是"胡说八道"外，乔治·路易斯更是直接说"定位是个屁"，定位是重要，但没有创意，定位就等于零。大卫·奥格威态度好一点，他说"'定位'这个扑朔迷离的词是许多营销专家的至爱，但对它的含义却各执一词，我个人的定义只是，产品为谁、做什么"。

要我说，安飞士的广告，说成是定位，是对的；说成是品牌形象，也是对的；说成是USP，仍然是对的。

还有万宝路的广告，创作者李奥·贝纳说它来自内在的戏剧性；大卫·奥格威说它为万宝路建立了良好的品牌形象；里斯和特劳特说它成功地定位成男人专属香烟。

你能说他们三人哪一个的观点是错的吗？不能。

大师们的观点都是从不同的角度来说同一件事，没有谁对谁不对。对我们来说，多一个角度，就多一个思考的切入点。但是，这一度让我迷失其中，弄不清定位的创新到底在哪。难道是新瓶装旧酒，只是换了一个高大上的名词来炒作概念而已？

前面分析的定位5个重点，用在USP、品牌形象上也说得通。比如这三种理论的目的都是要占领心智，都重视竞争，也都重视差异化，最终也都是为品牌服务，也都是一种传播新方式。

小小的区别是，"定位"综合了"USP"和"品牌形象"这两者的优点，既有一点 USP 的独特性，又有一点品牌形象长期不变的特性。

而以定位理论创作出来的广告，大多是"领导者""开创者""遥遥领先"等口号，这种口号可能容易进入顾客心智，但很难让顾客建立品牌偏好。如果按定位的逻辑，耐克就不该说"JUST DO IT"，而应宣称"运动服饰领导者"。苹果不应该说"Think different"，应宣称"个人 IT 产业领导者"。真这样做广告，估计耐克、苹果也不会成为伟大的品牌。

耐克的广告

所以，如果只从广告创意角度看，定位与 USP、品牌形象确实没什么大的不同，而且好像还没有 USP、品牌形象好用。

但是，后来两位作者花数十年工夫对定位理论进行了扩充和完善，终于发展出一个完善的定位体系。正是这种不断的演进，让定位与以往理论有了质的不同。

下面，我们来看看里斯和特劳特对定位的完善历程。

定位理论的发展

自从 1981 年《定位》一书大热之后，里斯和特劳特紧跟热度，陆续出了很多关于定位的书。后来，两人分道扬镳，又各自写了不少关于定位的书。前前后后加在一起，总共有 20 多本，而两人的弟子还在不断扩充这份书单。

这么多书中，有几部关键之作。应该说理解了这几部关键之作，就理解了定位。

《定位》大热后，一些企业用了同样的定位理论，有的企业成功了，有的企业失败了。为了解决这个问题，二人于 1985 年携手写了一部重要的著作《营销战》。书中提出：在同一个行业中，基于企业在顾客心智中的不同地位，对应着四种战法——防御战、进攻战、侧翼战、游击战。而处于不同顾客心智地位的品牌，要选择不同的战法，战法不当，就很可能失败。

后来，两人分开之后，分别成立自己的公司，各自出了一系列定位书籍。

细心的读者，可能会发现在中文最新版《定位》书中，特劳特被誉为"定位之父"，而里斯则是"定位理论创始人之一"。要知道里斯才是该书的第一作者，为何特劳特成了"定位之父"呢？

这有可能是因为特劳特公司率先进入中国市场吧！关于这一点，还有个小插曲。

2003 年，广州成美广告公司为加多宝旗下的王老吉凉茶做定位策划，并拍摄了"怕上火喝王老吉"的广告创意，大获成功。随后，广州成美广告公司的邓德隆加入了特劳特中国公司，王老吉的业务也转移到特劳特中国公司。邓德隆将王老吉的案例写成了《2 小时品牌素养》一书，宣传定位在中国实践的经验。

王老吉与加多宝

到了 2012 年，广药集团与加多宝集团合作中止，广药集团从加多宝集团手中收回了王老吉的品牌使用权。特劳特中国公司继续为加多宝集团新推出的加多宝凉茶服务，而回归到广药集团旗下的王老吉则由 2007 年成立的里斯中国公司全面负责。

广药收回王老吉品牌之后，在内部出现把王老吉品牌用于八宝粥、维生素饮料的情况。里斯公司提出做减法稳住阵脚，将使用王老吉品牌的非凉茶饮品砍掉，将低糖、无糖凉茶也砍掉，聚焦凉茶。张云说："对手很聚焦地来进攻，如果你自己分散的话，就会自断生路，也必须很专注地进行防守，先确保王老吉代表凉茶在消费者心智中的地位。"此阶段，在心智上防守，在渠道上进攻。

在之前的舆论战中，加多宝赢得了广泛同情。接下来，就是如何面对舆论战。办法就是：对加多宝的各种舆论攻击从此不再回应，只宣传自身产品的正宗性，因为王老吉是凉茶领导品牌，面对这种攻击，一回应就中招了。更关键的是，2014 年广药收回了"红罐"的包装设计这一重要品牌资产。广药旗下王老吉从 2012 年的"三无"状态（无工厂、无市场、无渠道）依托心智地位的稳固，重回市场第一。

里斯中国公司总经理张云把定位理论的发展分成了 5 个阶段，分别是：20 世纪 60 年代，岩石理论；20 世纪 70 年代，定位的诞生；20 世纪 80 年代，营销战；20 世纪 90 年代，聚焦；21 世纪，开创新品类。

上文对前三个阶段已经做了介绍，到了营销战的阶段，定位理论已经很普及，但当时又遇到了新问题：一些企业定位很好，战法也行当，为什么效果不明显？1996 年，里斯和他的女儿劳拉·里斯合著了《聚焦》。这本书回答道：成功的企业都对定位进行了非常聚焦的资源配置，围绕定位开展经营，而不仅仅是把定位作为传播概念。聚焦涉及战略取舍和组织经营能力匹配，因此，聚焦让定位从传播战术跨入了企业战略的大门。

张云说，聚焦的观念，是战略里面最基本、最核心的观念。但是，它离终点仍然有一段距离。聚焦的度是什么呢？

里斯和他的女儿劳拉·里斯又合著了一部最为重要的书《品牌的起源》，这本书回答道：聚焦的度就是品类。

里斯把品牌发展比作达尔文的物种起源，提出"品类分化"的重要概念。通过分化创建一个新品类，才是打造强大品牌的真正出路。《品牌的起源》一书指明了定位在战略层面的价值，就是分化并主导新品类。企业要将品类作为最基本的战略单元，品类创新是风险最低、成功率最高的创新。

张云认为，当"品类"这个观念提出来之后，关于战略的争论就已经结束了。所有战略的核心，终极的做法就是：开创并主导一个品类。放眼全球的商业实践，只要你的品牌能够代表一个品类，不管这个品类有多小，品牌都是非常有价值的。品类的诞生，把定位理论提升到一个前所未有的高度。同时，把战略拉到了一个前所未有的落地程度。品类战略告诉人们，唯一要做的就是使你的品牌代表这个品类，主导这个品类，而聚焦、营销战、视觉锤等，都是围绕它的工具。

《品牌的起源》一书中还提出"消费者以品类来思考，以品牌来表达"。理解这一点，可以看看老板电器的案例。特劳特公司 2011 年为方太作出"高端厨电专家与领导者"的定位，并大力宣传，厨电行业纷纷跟进。老板电器也想在"厨电"概念上寻找差异化，里斯中国公司则建议老板电器将"老板"品牌绑定在"油烟机"上，而不是厨电。因为顾客不会说我要买一个厨房电器，只会说我要买一台油烟机，这样就把品类从"厨电"聚焦到"油烟机"。再给一个定位叫"大吸力油烟机"——因为油烟吸不尽是顾客最主要的痛点，并围绕定位形成系统配称，比如提升产品的排风量指标等。特别是在销售终端上使出了重要一招，把 7 千克的空心木板作为道具，让吸油烟机牢牢吸住，这一场景对顾客产生了巨大的心理影响。

老板大吸力油烟机广告

里斯透露曾设想过使用"大吸力、小噪音"的传播语，因为这样能满足大多数内部人士对噪声的担忧。但是"大吸力、小噪音"和顾客心智认知不符，顾客很可能在吸力和噪声两方面都将信将疑，反而淡化传播效果。以"大吸力"为特色的老板油烟机在站稳油烟机市场后，老板电器未雨绸缪，另建一个品牌"帝泽"专注于高端嵌入式厨电。

紧接着，里斯父女又合著了《广告的没落，公关的崛起》。此书虽然冗赘，但我认为解决了两个重要问题：一是针对"定位就是砸钱"的说法进行了驳斥，如果品牌用公关来启动就会节省大笔预算；二是对广告和公关做出了不同的分工，这对"洗脑式定位口号"的缺点进行了辩解，像"某某开创者""遥遥领先"式的定位语交给公关来报道，而广告还是可以用"JUST DO IT"。

作者认为用创造品类的方式创造出来的新品牌，天生是新品类的代表，这天生就有话题性，品牌建立之初，应该大力采用公关报道的方式来实现低成本的品牌传播。当品牌已经完全占据顾客心智后，再用成本更高的广告来建立品类壁垒，从而保护品牌。后来劳拉·里斯单独写的《视觉锤》也是一本被低估的好书。劳拉·里斯认为图像是充满情感的，你看到一个小孩子的图像，和你看到"婴儿"这个词，情感能量是不一样的。《视觉锤》以生动的比喻讲了如何用视觉更好地将定位植入顾客心智。

定位被引入营销战略界

完善之后的定位理论的地位拔得非常高，但是这一次从最初的本质上又受到了专业人士的质疑。比如中欧商学院吕鸿德教授说，定位是竞争战略的一种，只适用于产品同质化的情况。然而今天的新兴企业大都设有产品经理，产品经理专门负责产品和服务的创新，所以定位在今天没有用武之地。

从总体上说，早期的定位只重视抢占心智，自然与 USP、品牌形象没有太大的差别（因为这三者最终目的都是抢占心智）。后来，战略聚焦与品类分化的概念一出，加上公关、视觉锤等战术，定位体系就建立起来了，影响力自然就超出广告界，成为营销战略界的一股重要力量。

果然，定位理论得到了营销学大师菲利普·科特勒的青睐。科特勒将定位引入他的营销管理体系中，作为营销 "4P"（产品、价格、渠道、推广）之前的另一个 "P"，以引领企业营销活动的方向。后来，科特勒综合了凯文·凯勒的品牌定位与温德尔·史密斯的市场细分思想，演变成今天众所周知的 STP 战略（市场细分、选择目标市场、定位）。

科特勒宣称：没有市场细分，没有目标市场选择，定位会成为空中楼阁。里斯则反驳说，STP 战略做了大量的市场分析，唯一忽视了顾客心智中的情况以及心智的规律。

在 20 世纪 80 年代，战略学大师——迈克尔·波特将定位引入他的竞争战略。他认为企业战略的核心在于选择正确的行业，以及占据行业中最具吸引力的竞争位置。迈克尔·波特也十分重视竞争对手，而且提出一个行业有五个 "对手"，便是 "五力模型" 中的 "五力"。在做行业选择时，先用 "五力模型" 这五个战略变量做行业竞争力分析；然后定位，占据行业中最具有吸引力的竞争位置，再从成本领先、差异化、专一化中选择一套打法；最终建立企业的价值链，形成长期的竞争优势。

迈克尔·波特的战略定位，既让定位名声大振，也对里斯、特劳特的定位理论造成了巨大威胁，双方互不认同，却又互相借鉴对方的观点来完善自己的体系。

尽管争议不断，定位理论还是一飞冲天，从广告界到营销界，再到战略界，连升三级。2001 年，美国市场营销学会将其评选为 "有史以来对美国营销影响最大的观念"，这使 "定位" 的声望达到巅峰。

再后来，邓德隆将"定位"视为泰勒科学生产、德鲁克科学管理之后的第三次生产力革命，这将定位拔高到极点。

定位理论体系的初步总结

里斯和特劳特笔耕不辍，光"定位"这一个理论就写了 20 多本书。对普通人来说，很多重要的东西都淹没在这数不清的文字海洋当中了。在文章的最后，我试着给定位体系做一个大总结。

总的来说，与其他体系复杂的理论相比，定位给了我们一个品牌创建框架，在商业实战中，相对好理解、易上手。用定位理论来创建品牌的过程大致可分成下面 6 步。

定位理论品牌创建过程

（1）品类分化：市场细分注重消费人群的划分，而品类分化注重行业发展的终局判断。从现有品类分化出新品类，新品牌自然是新品类的领导者。这就是先创造品类，再创造品牌。这是战略性的第一步，成功者会事半功倍。大部分长期处于成功的品牌，或许没有找到那个定位的语言钉，但一定是一个品类的开创者或代表者。

（2）树立敌人：任何品类都要有一个敌人，否则就无法激励企业成功。暂时没有敌人的，也要树立一个假想敌。确保每个行动都会削弱敌人的地位，这就能确保企业始终朝着正确方向发展。这一步强调的是竞争意识。

（3）两个名字：所谓名正言顺，品牌名字是定位最直观的体现。而且一定要取两个名字，一个是品类名，另一个是品牌名。一个糟糕的名字会带来不好的认知，命名可以说是最重要的营销决策。1893年，一个叫贾德森的工程师研制了一个"滑动锁紧装置"，商业化一直不成功。很多年以后，一个记者称之为"拉链"，这个滑动锁紧装置一下就流行起来了。一个名字成为品类的代表，或者成为该品类的通用名，我们就认为这个新品类真正创建起来了。

（4）抢占心智：创建新品类之后，要牢牢地抢占住顾客心智，确立行业地位。这也是最初的那个"定位"。企业要聚焦在这个新品类，调动内外一切资源，占领用户心智阶梯。在具体方法上，定位书系说得比较复杂，奥格威说得最直白，他说定位就是"产品为谁？做什么？"明确这一点之后，就要根据实际情况，从4种营销战法中选择一种。

（5）公关启动：用公关的方式来启动一个新品牌，这样就可以降低昂贵的广告投入。里斯这里所说的公关，是指铺天盖地的新闻报道。他认为以定位理论进行品类分化出的新品牌，是行业新事物，天生具有话题性，加以引导，可以获得媒体的各类报道。里斯这里所说的广告，是指付费的"硬广"。他认为广告的作用不再是创建新品牌，而是在公关成功地塑造品牌之后来维护品牌。

（6）品牌资产：要更好地抢占心智，光靠定位语言钉还不够，还需要战斗口号、视觉锤等。劳拉·里斯认为定位就是在消费者心智中找到一个空位，然后植入一颗钉子。同时，还要用视觉形象这把锤子，把你的语言钉子植入消费者的心智中。公关就说语言钉，广告就打战斗口号，终端就用视觉锤。这是品牌传播的法宝，也是最显著的品牌资产。

一套以定位理论来创建品牌的完整流程如下：首先洞察出符合分化趋势的新品类，在新品类中找到竞争对手；然后为新品类取个好名字，给新品牌也取个好名字，让新品牌在顾客心智中成为新品类的佼佼者，并让企业资源聚焦在这一点上，让新品牌获得铺天盖地的公关报道；最后用语言钉+视觉锤进行全方位消费者接触，积淀品牌资产。

当然，我们不能只把"定位"看成一个传播概念，而是贯穿到企业运营的方方面面，让企业各职能、各资源"聚焦"在这一个定位上。

可以看出，定位理论已经成为一个上下贯通的品牌构建体系。这一点很不简单，在贯通大本大源之后，定位对于之前其他理论就是一种降维打击。

以上，就是今天的商业人士言必称"定位"的故事！

11
科特勒："STP+4P"营销体系

"定位"概念的出现，使广告营销行业进入一个新的阶段。紧随其后，各种广告营销理论迎来了全面"整合"的时代，其中的主流，便是今天要说的科特勒营销体系。

什么是营销？人们一般会想到使用广告、促销和宣传来卖东西的销售。然而，销售只是营销极小的一部分。

对于一切混沌的问题，不妨都用一招试试：厘清它的历史吧！

营销学的缘起

著名学者德鲁克不仅是现代管理学之父，还是营销学的主要开拓者。早在 1954 年，他在《管理的实践》中提出：企业只有两种基本的功能——创新和营销，其他的都是成本。

"创新"创造优质产品，
"营销"创造优质客户。

如果没有这两个基本职能，其他就都无从谈起。而两者相比较，对于大多数非颠覆式创新的企业来说，营销更重要。营销创造优质客户，所以德鲁克认为创造客户就是企业的终极目的。而那时的经理人普遍认为企业的目的是创造利润，德鲁克说，"企业的目的是创造顾客"。因为，有了顾客才能有利润。他认为企业的核心在于客户，企业的一切都必须围绕满足客户的需要。

在德鲁克的强大号召力之下，营销逐渐超过生产、财务、采购等职能，被慢慢放到了企业管理的中心位置。

接下来，便是营销中一个最基本概念的诞生。

柏唯良教授在《细节营销》中讲了这么一个故事。在 20 世纪 60 年代初，关于市场营销的大部分教科书都是按产品所属的行业来讲述的。比如，第一章是"消费品的营销"，第二章是"工业品的营销"，第三章是"服务业的营销"，第四章是"农产品的营销"，等等。

直到 1964 年杰罗姆·麦卡锡才改变了这一局面。

一个早起的清晨，麦卡锡突然意识到：这些教科书所有章节的内容实际上是一样的。无论是消费品营销，还是工业品营销，或是服务业营销，它们都涉及"产品、渠道、价格、促销"这 4 个方面。于是，他将这 4 个方面提出来，称为"4P 营销组合"，然后重新写成一本新书《基础营销学》。4P 营销组合明确地告诉我们营销应该帮助企业决定生产什么、如何定价、如何分销，以及如何促销。这书使他成为百万富翁，而此前的所有教科书则惨遭淘汰。

杰罗姆·麦卡锡提出 4P 营销组合

4P 营销组合是营销中极重要的策略工具，知名度也是很高的。而仅仅 3 年之后，菲利普·科特勒也出版了《营销管理》。他在 4P 营销组合的基础上，融合了经济学、社会学、组织行为学和数学等内容，使营销学的结构更加博大精深。

市场营销的特性是永远会出现新概念、新理论、新实践，科特勒

菲利普·科特勒

每隔3年修订一次《营销管理》。早期版本，引入了温德尔·史密斯提出的"市场细分"概念；中期版本，引入里斯与特劳特的"定位"理论；后期版本，又引入凯文·凯勒的"品牌共鸣模型"；在最近的版本中，还增加了"社会化营销"的篇章。

这本书自1967年出版第1版以来，目前已出到第15版，由于科特勒不断更新，《营销管理》最终胜过了麦卡锡的书，成为营销学"圣经"。科特勒本人也成为营销学泰斗，他在近半个世纪里建构起的营销学大厦，可谓包罗万象、蔚为壮观。

我们将科特勒《营销管理》的基本内容搞明白了，营销也就基本明白了。

但是，这本大部头却不像《定位》这类书那么容易读。《定位》一书是很容易读的，只是不容易理解。而《营销管理》先不说能否理解，一打开这部皇皇巨著，除非有老师或任务逼迫你，不然很难静下心来一页一页读完。

那么简单点，《营销管理》到底说了什么呢？

它说了营销体系的核心架构。

科特勒曾经提出营销经历了3个阶段。在营销1.0阶段，企业工作高效，它们因为给客户提供比竞争对手更高的价值而胜出。处于营销2.0阶段的企业在传递情感上胜出，它们通过出色的服务和情感共鸣与客户紧密联系。处于营销3.0阶段的公司走得更远，它们在关注客户之外，也表达了对世界的关注。

但无论哪个阶段，营销的核心架构不变。科特勒后来把它总结为 $R \rightarrow STP \rightarrow 4P \rightarrow I \rightarrow C$ 5个部分，他的解释如下：

（1）市场营销始于R（research），即对市场的调研和洞察。

（2）根据市场研究定制 STP 战略。

（3）为每一个选定的细分市场制订一个 4P 计划。

（4）企业执行实施（implement）该计划。

（5）收集反馈与控制（control），以改进 4P。随着营销计划的展开，意外和失望总是不期而至，需要反馈和控制来改善营销活动的方式。

简单来说，科特勒认为完整的市场营销过程应为：①进行市场研究和需求洞察，并通过接触顾客来验证；②用市场细分与定位来确立品牌战略；③围绕着这个战略，制定产品、渠道、价格、促销 4 个方面的策略；④实施；⑤收集反馈持续优化。

苗庆显总结得很精辟：营销始于洞察，谋于 STP，落于 4P，行于实施，再循环于反馈。

洞察第一

《营销管理》第 2～3 篇讲市场洞察与认识顾客。这是营销的开始，通常包括市场调研、顾客调研等，但此环节中最重要的是——找到营销洞察。

这就呼应了德鲁克认为"企业终极目的就是创造客户"。因为营销洞察的核心就是识别你的客户。这一点非常重要，不少同质化的产品由于聚合了优质客户，最终赢得了市场。柏唯良关于这点说得极好：

> 就算无法做到产品差异化，
> 但客户的差异化总是可能的。

就算你的产品和我的产品一样，但只要我的客户比你的客户好，我就会胜出。

也只有做到这一点，才能实现"有盈利地满足需求"这一最简短的营销定义。关于营销以创造客户，满足客户需求为核心这一点上，诺基亚是一个知名的反例。

诺基亚曾是手机第一品牌，2007年苹果公司发布了iPhone，似乎就在眨眼间，诺基亚从功能手机之王变成了智能机失败者。有许多专家分析了原因。其中芬兰前总理埃斯科·阿霍认为，当软件在手机行业里越来越占统治地位、数字化内容跟手机设计绑定在一起时，诺基

诺基亚与微软合作

亚的衰落无法避免，因为芬兰无法为这个产业提供最好的生态系统，欧洲的软件开发落后于美国。

这个理由很有深度，也很冠冕堂皇。但诺基亚衰落最根本的原因不在其他，而是——丢掉了客户需求这个最基本的

营销洞察。此时的用户需要像iPhone一样好用的智能手机，而不是老一代搭载塞班系统的难用智能手机。而最关键的手机系统被苹果iOS与安卓两分天下，苹果iOS不对外使用，但安卓手机系统却是公开可用的，诺基亚如果使用了安卓系统，后来可能就不是三星称霸了。然而，诺基亚在它自身的塞班与MeeGo系统彻底无望之后，拒绝使用消费者需要的安卓系统。更糟糕的是它与微软结盟，而微软手机系统没能让诺基亚再度腾飞，反而限制使用其他系统，安卓的大道被自己彻底堵死。直到差不多10年后，诺基亚才发布了安卓手机，但这一切都太晚了。

营销洞察的另一个核心是：这一个行业中，知道如何从客户身上赚取利润。换句话说：要理解企业是如何从这门生意上赚到钱的，这就是"外行看热闹，内行看门道"。今天各种新的商业模式、盈利模式，以及行业选择，本质上仍是回应这一个营销洞察。

要发现顾客洞察，无疑要进行市场调研。这便诞生了一个由来已久的争论：市场调研到底有用还是无用？

先说调研无用论的观点：上面诺基亚的案例正说明调研没什么用，

尽管知道苹果与安卓是消费者最喜欢使用的手机系统，但诺基亚仍然选择了错误的道路。而拉斯克尔常说调研就是告诉客户"驴有两只耳朵"这一大家都知道的事实。福特汽车创始人福特还说过，如果我去做市场调研，人们会告诉我他们"需要一匹更快的马"。这些尖锐问题，无不让人对调研进行反思。

科特勒自然认为调研是有用的，但他也没有明确回答调研无用论所给出的尖锐问题。

实际上，调研无用论和有用论，都是对的。

豆瓣用户"游不远"的观点很有见地，他认为这是两个维度上的事。如果你可以做出颠覆性创新，当然不用在低维度上做调研。但颠覆性创新不是每个企业都需要或都能够做到的，除此之外提倡"调研无用论"反而让浮躁的市场更浮躁。所以，对于不是颠覆性创新的企业，调研永远是营销的第一步。

STP 第二

在顾客洞察这一步，认识了顾客需求，看懂了商业模式，最终选择了企业要进入的行业。接下来就是 STP。

STP 是营销战略三要素的英文缩写，分别是：市场细分（segmenting）、选择目标市场（targeting）、定位（positioning）。以下是 STP 的官方释义：

市场细分：在行业市场中按消费者的不同维度划分出子市场的过程。

选择目标市场：选择并确定企业应该追求和服务的消费者群体。

定位：给选定的目标消费者群体一个明确的信息，即企业向目标市场提供的有竞争力和差异化的价值。

如果用比较形象的语言来举例，则可以将市场细分看成在一张纸上画格子（一个格子代表一个消费者群体）；选择目标市场，则是选择其中一些格子（通常是选择自己具有优势的格子）；定位，则是给选好的格子涂上特别的颜色，让其脱颖而出。

上一节小标题是"洞察第一"，市场调研和顾客需求洞察的深度，将直接反映在市场细分的成果上。

温德尔·史密斯在1956年最早提出市场细分的概念。市场细分是依据消费者的需要和欲望、购买行为和购买习惯的差异，把某一产品市场整体划分为若干消费者群的市场分类过程。

科特勒认为可以用两类变量来细分消费者市场：一是通过寻找地理、人口统计特征和心理统计特征这些描述性特征来确定细分市场；二是通过寻找行为因素来确定细分市场，行为因素包括时机、追求利益、使用者地位、产品使用率、忠诚程度、购买准备阶段、态度等。通过各个维度的细分，每一个细分市场都是具有相同需求倾向的消费者群体。

无论使用哪种市场细分方案，科特勒告诉我们，关键在于使营销计划能根据识别出的消费者的差异进行调整。也就是说，我们不一定有机会参与到市场细分这个前期工作中，但要去了解这个环节，了解得越深入，就越可能做出有针对性的、实用有效的营销计划。

市场细分之后，下一步怎么办呢？

正所谓"弱水三千，只取一瓢"，此时需要从"三千弱水"中，取出你自己的那一"瓢"。这就是选择目标市场。通过市场细分，可以从规模和增长潜力、结构和吸引力、公司目标和资源等角度，来发现企业能服务哪一个目标市场。

不是所有的细分市场对企业都有吸引力，任何企业都没有足够的人力、物力和资金满足整个市场的全部需求，只有扬长避短，找到有利于发挥企业现有的人、财、物优势的目标市场，才能立于不败之地。可口可乐几乎将全人类当作它的目标市场，而更多的品牌就是服务一种或几种细分市场。

选择了目标市场，STP 的最后一步就是定位了。

STP 最终落脚到定位。一个好的定位能够阐明品牌精髓，从而有助于指导营销 4P 组合。而定位又是全行业最令人捉摸不透的概念，下面不得不再谈一谈定位。

再谈定位

定位理论是里斯和特劳特在 1972 年提出的。在产品趋于同质化的市场环境中，如果一家企业的产品与竞争对手的相同或者类似，那么就很难取得成功。消费者会因产品和服务的相关信息太多而不堪重负。他们不可能在每一次做出购买决策时都重新评价产品。为简化购买过程，消费者将对产品和企业的认识组合起来进行分类，并在自己的心目中确定位置。

许多营销人认为，企业应该只向目标市场重点推广一项利益。每个品牌应该挑选一种属性，并一再宣称自己在该属性上是"最好的"。因为购买者容易记住"第一"。

但当多家企业在同样的产品属性上宣称自己最好的时候，就需要增加更多的属性。购买者自然希望得到更多属性的利益，困难的是如何说服他们相信一个产品能够解决这么多问题。

事情又回到了原点，定位也是如此，最终要从众多的点中，选择一个点来占领心智。

选择这个点，难度非常高。威斯汀·史丹佛酒店在一则广告中声称自己是世界上最高的酒店，这一定位确实很突出，但游客并不太在意这一点，许多人因此反而不去了。

那怎么办呢？

科特勒引入了凯文·凯勒的观点，认为这么多点，其实可以分成两类：一是企业与竞品共有的优点，叫共同点；二是企业与竞品不同的优点，叫差异点。

定位，最好同时包括企业与竞争品牌之间的共同点和差异点。

就像一个人同时具备感性和理性，两者综合形成一个独特的人。同样，在定位中最好兼容共同点和差异点，这就形成了一个最独特的品牌。只有这样，其他企业从任何单一维度上都难以模仿你的定位。那别人如果从共同点和差异点这两个维度上同时模仿呢？不可能。因为每个企业的共同点与差异点是完全不同的，下面举例来说。

以星巴克来举例，它定义了三组竞争者，从而提出不同的差异点和共同点。第一类竞争品牌是麦当劳之类的品牌快餐连锁店提供的咖啡，星巴克与它的差异点可能是质量、形象、体验和多样性；共同点可能是方便。第二类竞争品牌是速溶咖啡，差异点可能是新鲜、质量、形象、体验；共同点可能是方便。第三类竞争品牌是当地咖啡馆，差异点可能是方便和服务质量；共同点可能是质量、多样性、价格和社区。

由上可以看出，每个企业的资源禀赋不一样，它与其他企业的共同点与差异点也就不一样，这就不存在从共同点和差异点这两个维度上同时模仿的问题。

然后，这句话很重要：

构成差异点和共同点的许多属性，是负相关的。

什么是负相关？

比如，低价通常被认为与优质无关，美味的食品常常被认为有高热量。而消费者通常对呈负相关的两个属性都想要得到最大，最好的办法当然是让品牌在这两个维度都表现良好。比如戈尔特斯运动服，既"透气"又"防水"，这两个属性本是矛盾的，但戈尔特斯通过专有技术实现了这两者的兼顾。这种能两全其美的产品成为了全行业的标杆品牌。它们给了消费者一个非你莫属的理由，也达成了里斯的

"定位"所说的——在目标消费者心智中占据一个"最"什么的位置，而且别人无法模仿。

以宝马汽车来举例。与奔驰相比，它们的共同点都是豪华汽车，差异点是同级的宝马更注重高性能。所以宝马汽车的定位是既"豪华"又"高性能"，因此圈了很多粉。要知道奔驰可是汽车发明者，造车历史比宝马更久远，但今天的宝马品牌早已与之并驾齐驱。

应该说，科特勒书中关于"负相关的差异点和共同点"的内容，是对定位操作环节很有力的补充，为大家提供了一种定位执行的范式。

同时科特勒也认为，定位虽好，但光有定位是不够的。所以要先有市场细分，然后选择目标市场，最后定位。如果只说定位，就相当于掷飞镖没有靶心。

定位理论创始人里斯对此颇有微词，他认为："必须首先发现消费者心智中的空白区，确定一个定位以后才能去寻找目标市场。如果你找到一个目标市场，但是那里没有一个消费者的心智空白区让你去填补，那你是没有机会的。"里斯认为应该由定位来主导营销战略。如果按照 STP 的方法，常常会错失开创新品类的战略机会。

两位大师争论的定位的区别到底是什么呢？

里斯的定位体系上半部，为品类分化、开创新品类、占领心智三步；科特勒的 STP 战略，为市场细分、选择目标市场、定位三步。

其中，品类分化对应市场细分；开创新品类对应选择目标市场；占领心智对应定位。这样一来，就能明白里斯和科特勒两者的营销战略其结构是相似的，但角度和侧重是不同的。

战略第一步就显示了两者的区别：里斯说品类要分化，科特勒说市场要细分。都是"分"，一个是"分化"，针对品类；一个是"细分"，针对市场。分化强调前瞻性。以计算机来举例，个人计算机产业从原来单一的台式机这一个品类，慢慢分成了台式机、笔记本电脑、一体机等多个品类。里斯认为这就是品类分化。

细分强调对消费者各种特征的梳理，根据各种特征划分出不同的消费者群体。还用计算机来举例，细分把个人计算机用户划分成学生群体、办公群体、老人群体、游戏群体等。这两种"分"都是有用的。

可以看出，里斯的定位战略，是从品类的角度出发的，强调开创新品类，并主导品类。科特勒的 STP 战略，是从当下需求的角度出发的，强调选准自己的目标消费群体。

科特勒在 STP 中，给定位前置了市场细分、选择目标市场两大步骤，并提出了很有价值的关于"差异点和共同点"的内容，点透了定位的策略方法。

而里斯也针对定位战略给出了一系列武器包。除品类分化、开创新品类、占领心智外，还给出了策略上的 4 种营销战（防御战、进攻战、侧翼战、游击战）。在战术上提出公关加广告双核驱动。最后还发展出了语言钉、视觉锤、战斗口号等全套工具包。

在 STP 阶段，科特勒对定位的重视程度，是低于定位创始人里斯和特劳特的。在市场细分、选择目标市场、定位这三步中，个人感觉科特勒的意思是"选择目标市场"才是 STP 战略的核心。

也就是说，STP 三件套——市场细分、选择目标市场、定位，科特勒认为最重要的是中间这一步——锁定目标细分市场，而不是定位（里斯对此有不同意见）。

不信的话，我们再看一次科特勒关于 STP 的解释：

> 市场细分要求辨识市场中的不同客户群体。选择目标市场要求组织决定希望获取和服务的客户群。定位要为选定的目标市场提供明确的信息。

以上解释源自科特勒《我的营销人生》。可以看出，市场细分是前提，锁定目标细分市场是重点，而定位是添头。甚至只要选准了自己的目标市场，定位弱一些都是可行的，因为还可以通过 4P 的实施来慢慢找到和优化自己的定位。

　　所以，接下来便说一说大名鼎鼎的 4P。

4P 组合第三

　　多年以后，科特勒在《水平营销》一书中提到一句话：

　　90% 的营销管理都集中在 4P 营销组合上。

　　大多数营销人员的时间、资源与预算都投入 4P 的形成、实施与控制中。4P 营销组合这个知名度极高的营销术语，是麦卡锡于 1960 年率先提出的，分别是产品（product）、价格（price）、渠道（place）、促销（promotion）4 个英文单词的首字母缩写。

　　产品，指企业提供其目标市场的货物或劳务；

　　价格，指顾客购买产品的价格，包括折扣、支付期限等；

　　渠道，指产品进入顾客手中的种种通路，包括渠道、区域、场所、运输等；

　　促销，指企业宣传介绍其产品和说服顾客购买所进行的种种活动，包括广告、公关、人员推销、营业活动等。

　　多年从业经历告诉我：用过无数的策划套路之后，发现在制订营销计划时，回到最基本的 4P 框架，是最不容易犯低级错误的。下面我们将 4P 掰开来，详细说一说。

　　1. 产品：承上启下的关键

　　产品作为 4P 营销组合中的第一个"P"，起着承上启下的关键作用：上承 STP 战略，因为战略的成果首先反映在产品的打造上；下启价格、渠道、促销三大策略。

　　在科特勒的《营销管理》中，关于产品的篇幅非常多，提出的专业名词也多。比如产品层次有：核心利益、基础产品、期望产品、附加产品、潜在产品。产品的范围有：产品、服务、产品质量、产品包装、售后服务等。同时还有产品结构、产品线、产品矩阵、产品生命周期等。

如此多的术语和概念，常常让人一头雾水。在这里我们不必纠结这么多的术语，有兴趣可以去看原书。在产品这一块，我们不妨跳出术语的海洋，找出其中的重点。产品有两个重点：一是产品结构，二是产品创新。

首先说产品结构。从 BCG 的"波士顿矩阵"，到查尔斯·汉迪的"第二曲线"，从某个角度来说，都可以看成解决产品结构规划的模型。

关于产品结构在应用中，一般可以分成三类：核心产品、配套产品、引流产品。这几种产品推出的先后顺序至关重要。我们从这三个层次，可以看出，产品在 4P 中的核心地位，上承 STP 和定位战略，产品结构本质上就是企业战略路线图。

然后，说一说产品创新。

在 STP 战略阶段就决定了创新的基础，而产品的创新，又是创新领域中的重点，可以分成 3 类：

（1）颠覆式创新；

（2）价值链创新；

（3）微创新。

先说说颠覆式创新。1997 年克里斯坦森在《创新者的窘境》中提出颠覆式创新，旨在描述新技术对企业的颠覆式影响。简单来说，就是在传统渐进式创新之外，还存在一种颠覆式创新。比如，我们每年常规升级自己的产品，突然，一个对手进行了颠覆式的技术革新，整个行业被引入另一个发展方向，我们原有的产品都被抛弃了。颠覆式创新需要依赖技术储备，比如现在的 5G 通信技术，对手机行业就是一种颠覆式创新；还有新能源汽车，对汽车行业就是一种颠覆式创新。

但是，这种程度的创新，不是所有企业都需要去引领的，大多数企业也很难拥有这种开创和引领颠覆式创新的机缘。面对这种大趋势，我们要做到的，只是跟上这种趋势，把握住、不掉队，不被趋势抛弃就好。

如果说颠覆式创新是一场产业技术革新，那么价值链创新就是一种商业模式的革新。一个企业的核心技术短时间内无法进行颠覆式创新时，还可以进行价值链创新。先看看企业为整个产业的上游、下游提供了什么价值，再想想这些价值是否可以提升，以及这些价值是否可以重新组合发挥出更大的价值。在互联网行业发展早期，拥有先进技术的网景公司被微软凭借操作系统捆绑而轻易击败。雅虎吸取教训，一上来放出"免费上网"的全新商业模式，挡住了微软的进攻。从此之后，免费模式成为互联网行业的金科玉律，让互联网更快地进入寻常百姓家。

而微创新，则是目前适用面比较广的创新方式，它不像颠覆式创新那样风险巨大，可以稳中求进。一句话概括，微创新就是在研发产品时要做到"无短板、有特色"。无短板，就是达到行业标准；有特色，就是在一定程度上落实市场细分与定位。

不过，又出现了一种新的困惑。

在里斯和特劳特 20 多本关于定位的书中，反复强调定位很重要，创建新品类很重要，但就是不告诉你怎么创建新品类，也不告诉你定位如何在产品中落地。同样，科特勒在 STP 战略中，指出了锁定目标细分市场的重要性，并给出了定位如何找到抢占心智的那个点，但在指导产品落地上有些无力。

显然，里斯和科特勒两位营销大师，并不是要大家都进行高风险的"颠覆式创新"，而"微创新"又不能完全实现定位开创新品类、STP 锁定目标细分市场的战略目标。

科特勒晚年与费尔南多合著了《水平营销》，这是一本非常重要的小书。

在这本书中，一改《营销管理》学究派气息，对 STP 战略的实操步骤进行了详细图解，更重要的是，作者认识到了 STP 战略的两个短板。

（1）让人总想着在原有市场进行细分，而忽视了新市场、新品类的开创。

（2）不断地细分市场，最后得到的是零碎微利的小市场，而主流市场是很重要的。

所以，科特勒充分吸收了定位战略中有关品类创新的思想，加上互联网"跨界"思维影响，给出一个水平营销的框架，以弥补 STP 战略开创性不足的短板。水平营销的"三步六法"相当精彩。

可惜这本书没引起足够的重视，这个概念也没引起多大反响。2005 年，韩国的 W. 钱·金教授和美国的莫博涅教授也提出一种开创新市场、新品类的方法，他们给自己的书起了一个好名字——《蓝海战略》，这个概念迅速风靡全球。

蓝海战略：产品创新的可视化

蓝海战略是定位的绝配，理解了蓝海战略，就能明白怎样创建新品类，清楚如何进行产品落地。因为它把产品如何创新可视化了。

还是以举例的方式来说吧！孟醒曾经讲了一个法国 F1 酒店的故事，这个案例非常便于我们理解蓝海战略。

下图是 1985 年酒店行业的价值链。这幅图的横轴下有多个价值点。比如建筑美学、大堂空间属于产品外观，对于五星级酒店来说，当然要金碧辉煌、气魄非凡。这对讲求面子的客人来说，都是必要的"价值"。其他价值点：休闲娱乐、床铺档次、卫生、安静……也都是住五星级酒店客户需要的"价值"，把这些价值串起来，就是价值链。

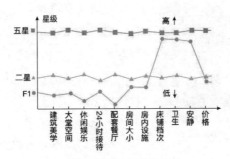

1985 年酒店行业的价值链

从图中可以看出：

五星级酒店，在每个价值点上都是高水准的，形成一条高高在上的价值曲线。

二星级酒店，则在每个环节上都低于五星级，形成一条在五星级之下且与之大致平行的价值曲线。

而法国 F1 酒店，则完全用蓝海战略的思路开创了一条新的道路。

F1 酒店的目标人群是商旅客人，定位是让这些出门在外的人可以"睡一宿好觉"。那么，如何将这个定位在产品上落地，从而开创出一个新品类呢？

F1 酒店认为对许多商旅客人来说，和"睡一宿好觉"相比，"建筑美学"重不重要？比较不重要，砍掉！所以 F1 酒店的建筑美学很普通。和"睡一宿好觉"相比，"大堂空间"重不重要？还是比较不重要，那还是砍掉！结果 F1 酒店的大堂空间异常小气。和"睡一宿好觉"相比，"房内设施"重不重要？谁在乎家具和电视机大小呢？砍！

一路砍下来，把一堆的"价值"点都"缩水"了。然后在与"睡一宿好觉"相关的几个价值点——床铺档次、卫生、安静上，则大力发威，媲美五星级酒店！最后价格与二星级酒店差不多。

这时，"客户价值"就突破了——用二星级的钱买到了貌似五星级的价值。这个价值是通过将一堆对目标顾客相对不那么重要的价值进行削减而产生的。

法国 F1 酒店

这就是蓝海战略。在价值链上针对每个环节进行有目标的"剔除、减少、增加、创造",就创建了新品类。

它与大家常常所说的好"点子"有什么区别呢?

一个好的"点子",容易被对手模仿。而蓝海战略之所以是战略,就是因为竞争对手难以模仿。

竞争对手要模仿,不是那么简单,牵一发而动全身,不是某个环节的改变,而是整个链条的异同。整个链条又难以模仿,因为每家企业的资源和核心竞争力大多是不同的,对一个已经成熟的企业而言,让其放弃自己的优势,重新构建一套新的价值链,是很不现实的。

F1 酒店的蓝海战略具有强大的"先发优势",因为在刚刚发力之初,别人认为其完全不懂行,没人愿意模仿。当竞争对手完全看清时,系统已经形成,系统能力也已经齐备。这时,"先发优势"在很多时候,就形成壁垒了。

后来,对手们都明白了 F1 酒店的战略,可那时,F1 酒店已经羽翼丰满,占据巴黎大多数地铁口的廉价房屋,成功"卡位"。竞争对手再去做,只好付高额房租,去找差一点的位置——这时 F1 酒店的优势将十分明显。再在营销上坚持该品类领导者的定位,F1 酒店将长期牢牢占据此类市场。

前面说过,蓝海战略与定位是绝配。因为它针对如何开创新品类,给出了一套切实可行的方法。在科特勒的体系中,蓝海战略也解决了如何通过产品创新锁定目标细分市场的问题。这套方法,在价值链上各个点进行"剔除、减少、增加、创造",对价值链每个环节进行调整。由此,蓝海战略实现了"客户价值"和"成本结构"的双重创新。

这就完美地解决了产品创新落地的问题,让产品研发设计有章有循,战略贯穿始终。

2. 价格：定价定生死

在 4P 营销组合里面，公认最难的便是定价。所以才有"定价定生死"的说法。

如果说有效的产品策略播撒了成功的种子，那有效的价格就是收获，想有好收获可没那么容易。科特勒在《营销管理》一书中林林总总写了很多关于价格营销策略的内容，如批发价、零售价、折扣、返利、付款期、赊销等。但我们最想了解的是，如何给产品定价？

定价有三种方略可循：一是书本上提供了基本方法与公式，可以作为合理定价的基础；二是可以进行小范围试销，根据试销结果进行优化，就更加趋近精准；三是可以通过价格之外其他 3 个"P"发出所需要的价格信号或其他技巧，引导价格成交。下面分别说一说。

首先在定价的策略上，有 4 种基础定价法：

（1）成本加成定价法；

（2）目标收益定价法；

（3）感知价值定价法；

（4）随行就市定价法。

这些方法看名称就知道是怎么做的，此处略过不表。在使用这些定价方法时，有必要运用一些基本公式，如计算盈亏平衡点、计算价格波动等公式，使用这些公式可以对定价起到很好的帮助。

更重要的是定价既要考虑消费者购买力，更要考虑销售方、推广方的利益分配问题，也就是渠道、促销两个"P"的投入问题，这些都要纳入价格策略中统筹。比如，早期的王老吉，选择商业餐饮人群为源点人群，定价比当时一般饮料贵，正因为如此，才有巨大广告的投入，才有全国渠道方的力推，从而诞生了王老吉神话。

制定出的价格，还要进行测试，也叫试销。根据试销结果进行优化，优化合适后，再大面积上市和推广。

除此之外，价格与产品、渠道、促销相互关联，形成一些价格营销"技巧"，柏唯良在《细节营销》中讲得很好。我大致将其要点编辑整理后转述如下：

（1）在价值没有充分展现给客户时，绝不提前讨论价格。

价格始终是客户消费中的消极因素，在客户真正认识到你的价值之前，所有价格他都会觉得高。当有客户和你砍价时，可以说"在谈价格之前有必要让你知道一些重要的事……"，将其引导至你想展现的价值点上。

（2）价格锚定效应。

价格锚定就是找个比较价格来衬托预置好的价格，显示你便宜。比如，原计划预算600元买衣服。到商场后，服务员首先会给客户试一件气派的衣服，一看标签5000元，然后又推荐了一件1000元的衣服。最后，客户常常会买那件1000元的衣服，而这就是通过价格锚定，悄悄提高了客户的心理预算。

古董家具店打折的货品标的原价奇高无比，客人一看嗤之以鼻，觉得傻瓜才会花钱买这玩意，然后花2倍于预算的钱高兴地买了一堆东西。柏唯良甚至说，哪怕你胡乱地说一大堆毫不相关的大数字对你的销售也有帮助，如果你要卖价值50万元的东西，你就多说几次各种"100万元"。

价格锚定效应还可以直接使用在同一个产品上。比如你出售两种规格的咖啡，小杯10元，大杯15元，也许有一半人买小杯，另一半人买大杯。如果增加一个超大杯20元，可能买的人很少，但会让更多的人选择买大杯。同时还可以打出"幌子"：咖啡最低只需10元。

价格锚定效应还有一个典型应用：当你说满500元送100元的礼品时，别人并没有感觉占了多大的便宜，因为他是用100元和500元来比较的。当你说满500元可以花1元买100元的东西时，别人觉得这太划算啦，因为他是用1元和100元来比较的。重要的不是占到便宜，而是如何让客户心里觉得自己占了便宜。

（3）发出高价信号。

这是最让我拍手叫绝的一条：价格实际是低的，但是看着不低。意思就是，在营销过程中发出高价信号，却给出不高的价格。波特三大战略中，只有低成本战略，并没有低价格战略。所以，发出高价信号比一味低价对品牌更有帮助。

比如家电维修工给自己置办漂亮的工作服、工作牌，干净的工具箱，就是给客户释放高价信号。客户看到这些高价格信号，再看到你的实际价格，会大吃一惊，愉快成交，彼此心照不宣。

（4）价格歧视。

价格策略与渠道促销结合得更加紧密的典型是价格歧视。就是面对不同的客户群给不同的价格。

比如，吃 KFC，我一般都会在点餐时费时费力地找电子优惠券，而不差钱的客户则爽快地原价点餐。这样 KFC 既争取到了我这一类因优惠才来消费的人群，又保留了优质客户的丰厚利润。这种千人千价的定价方式，在互联网科技普及之前，是不可想象的。而今天随着互联网科技的普及，商家获取用户数据越来越方便，价格歧视使用得也越来越广泛。

以上，是价格策略最基本的概述。

3. 渠道：营销的战场

渠道和促销，都是产品与消费者的接触点，也是营销的主战场。渠道就是让销售者为我们卖，促销就是让消费者向我们买。

首先说渠道，渠道又被称为"分销"或"通路"。说的就是产品从生产商到最终顾客之间会经过一系列中间机构来执行不同的功能，这些中间机构共同组成了营销渠道。

传统的渠道大致可分三种：中间商、代理商、辅助机构。它们的区别可以简化为：中间商买断货品，取得货品的所有权然后出售，在一定程度上自负盈亏；而代理商不买断货品，货品所有权还是厂家的，仅代表生产方同顾客谈判、出售货品；另一些既不取得货品所有权，也不参与销售，就是辅助机构，比如运输公司、仓库、售后服务等。

在国内相当长的一段时期，渠道是营销的胜负手，素有"渠道为王"的说法，意指谁占领了渠道，谁将引领市场。

因为一个企业的产品只要垄断了渠道的货架，也就垄断了消费者的选择。所以一个企业的渠道是直营、加盟、代理，还是入驻商超，很大程度上决定了它的商业模式。

随着渠道越来越重要，渠道权力慢慢发生了变化。大型连锁零售商渐渐占据了大量的流量，它们通过控制货架空间和消费数据来强化自己的渠道权力。零售商决定在货架上放置哪些品牌，这样消费者才能够选购。通过结账时的条码扫描，零售商掌握哪些品牌的产品销路好。以此为基础，零售商向厂商要求更多的利益，比如独家经营权、索要铺货费等，甚至零售商通过这些数据，生产并销售自己品牌的同类产品。

聪明的品牌厂商为了对抗这种趋势，除了开拓新渠道之外，更重要的是运用促销来增强厂商对渠道的支配力。比如，开展促销活动，目的不仅是促销，更是增强对渠道的支配力，维护利润率。只要有哪怕很少的顾客到其他商店中兑换礼品，大超市就不会把你的产品赶出门。有些活动就算销量的增加不足以弥补花费，怎么算厂商都是要亏本的，但促销改变了厂商和日益强大的渠道商之间的平衡。

还有一些品牌厂商，在不同的渠道投放不同规格的产品，既知晓了各渠道的销量比例，又维护了价格体系。

另一个不得不提及的是——互联网渠道。互联网电子商务的兴起，对线下渠道产生了巨大冲击。也给渠道管理带来了挑战，一个常见的难题是——如何平衡电商与线下渠道。

7-11便利店在日本部分解决了这个难题。电子商务出现后，减少了7-11的市场份额和收入，但是他们采用逆向思维和电商网站进行合作，充分利用遍布各地的渠道优势，向电商网站收取一定费用，而这些电商网站可以将客户网上订购的商品直接放在 7-11 便利店。这样电子商务网站节省了大量的物流成本，而客户省了运费，三方都受益。

4. 促销：营销的代名词

最后说促销。它在 4P 营销组合中最具争议。

首先是名字的争议。

营销方面的书大多将 4P 营销组合中的 Promotion 翻译为"促销"，促销之名最为普及。但是，也有不少人觉得应该将其翻译为"推广"或"传播"，因为"促销"这个名字，很容易与"促销活动"相混淆，而促销活动仅是 Promotion 中的一员，除此之外，Promotion 至少还包括广告、公关、人员推销、直复营销等。所以，在科特勒各种版本的营销著作中，后来又常常被翻译成"沟通""传播"或"推广"。

然后是 Promotion 所包括内容的争议。

早期它手下有 4 员大将——广告、公关、促销活动、人员推销，这是公认没有问题的。问题在于随着时代的发展，不断有新成员加入新来，如直复营销、数字营销、网络营销、事件和体验、社交媒体营销、互动营销、口碑营销……由于它们互相都有重叠的部分，所以到底哪些被纳入其中，则有着广泛的争议。我倾向于至少应该把"直复营销"列入其中，由于移动互联网的强势崛起，还可以将"社交媒体营销"也加进来。一共 6 种工具各有所长，共同发挥作用。

广告：这个大家最熟悉，它在相当长的时期内是市场推广的主力，可谓是 Promotion 的科代表。史玉柱说过"对于大多数企业来说，成功的关键在于营销，营销的关键在于广告。"当然，他说的广告其实是整个 Promotion 组合，包括公关、促销、地推等。在大多数人的心中，"广告"就是"营销"的代名词，它们甚至是可以互换的。虽然营销是比广告范围更大的词，但"广告"一词更为简洁且为人们熟悉，所以常常被作为"广告和营销"的简称。

公关：是通过发起或参与事件，获得媒体的报道宣传，以及保持与客户或合作伙伴的交流接触。它有两个显著点，一是具有新闻性的事件，二是媒体广泛报道这个事件，这也就宣传了产品和品牌。此外还有保护品牌的危机公关。

促销活动：这里的促销指狭义的促销，也就是促销活动，又被称为"营业推广""销售促进"等拗口的名词。促销是指向销售员、中间商、消费者提供附加价值和激励的营业活动，激励他们迅速或大量地购买产品，比如优惠券、样品试用、竞赛、抽奖等。促销要注意的是，大多数情况下，这应该作为一种短期激励，天天搞促销，容易伤害品牌。促销通常也应是一种小范围的激励，对于大部分产品来说，促销一般最好只针对新客户，作为他承担风险尝试你产品的一种补偿，而老客户并不需要你天天促销，友好地一对一提醒他"欢迎再次来消费"，他一般就来了。

地推：一般称作"人员推销"，后来为了与线上推销相区分，今天行业中普遍称其为"地推"。这是一种立竿见影的推广方式。

直复营销：厂商与目标受众直接沟通，取得回复，实现交易。包括最早的直邮或邮寄目录，也包括后来的电话营销、邮件、直销。甚至今天的数据库营销、大数据营销都可以看成直复营销。

社交媒体营销：看到这里，大家会发现——与其有所重叠的数字营销、网络营销、互动营销为什么没有列入呢？因为这些网络推广方式，并没有超出广告、公关和直复营销的范畴。网上投一个横幅，仍然可以看成广告；网上进行数据库推广，仍然可以看成直复营销。

就连社交媒体营销，都可以看成一种对消费者的公关。但社交媒体终究太特殊了，它的操作手法与一般意义上的广告、公关都有些不同，值得将它单独列出来。社交媒体营销的关键是，如何在不骚扰消费者的前提下推销产品。硬广告容易被屏蔽或无视，一般都采用 IP 输出的方式，为粉丝提供各种形式的优质内容，形成主动关注与互动。

我见过一些互动公司以为自己很懂社交媒体营销，也见过一些广告公司以为自己不懂社交媒体营销。

最后，我们再回过头来，想一想 Promotion 应该翻译为"推广"

呢，还是应该翻译为"促销"？

我觉得在科特勒的体系中，还是应该翻译为"促销"。

理由是 4P 是从销售的角度来看营销。产品、价格、渠道、促销，这 4 个"P"全都是说的"销"，具体如下：

产品，就是卖什么；

价格，就是卖多少；

渠道，就是在哪卖；

促销，注意"促销"的重心不是传播推广，而是——"怎么卖"。

所以，当我们在策划"促销"这一"P"时，出发点不应该是怎么推广，而应该是怎么卖。

4P 是从"销"的角度看营销，主要考虑如何让销售者替我们卖；而 IMC 是从"推"的角度看营销，主要考虑如何让消费者向我们买，关于什么是 IMC，是第 13 章我要讲的内容。

至此，"商业洞察 +STP 战略 +4P 组合"的科特勒营销体系就介绍得差不多了。这套营销体系也被大多数广告公司引入业务中，为广告主提供更全面的服务，这将是后面的故事。

12

迈克尔·波特：竞争战略之道

1930 年的马文·鲍尔还是一名律师，主要为那些没能挺过大萧条的企业进行清盘。银行家及债权人请他帮助重组这些企业，尽力从残余部分中取得一些价值。马文先后担任了 11 个债权人委员会的秘书，他的职责是研究这些企业的潜在盈利能力，向债权人委员会提出重组框架方案。

马文对倒闭企业的原管理者进行访谈，然后找对企业问题有深入见解的一线员工进行谈话。经过对这些企业的若干轮访谈，他发现一个普遍情况：这些企业的管理者都聪明过人，但问题在于本该获悉的信息被屏蔽掉了，他们没有获得足够的信息，否则他们是可以挽救危局的。而管理者需要的关键信息在一线都能找到。马文认为罪魁祸首就是企业层级制度，致使员工不敢向上级报告真实情况。由此马文发现一个新兴的商机：企业的管理者在事关战略问题的决策上，往往没有客观独立的顾问可以求助。企业如果有法律问题，可以找律师；企业如果要筹集资金，可以找银行；而企业如果需要组织和经营上的建议，他们就找不到专业公司提供帮助。1933 年马文加入麦肯锡，将会计和管理结合起来，开创了战略管理咨询行业。

战略咨询的常用工具

明茨伯格在《战略历程》中写道，对于从事战略咨询的企业而言，他们信奉战略层面的定位理论。尽管他们没有掌握某个行业的专门知识，但他们能冷静地分析该行业的数据，在数据基础上制定出一套通用的战略框架，写出报告，结账走人。

这些战略咨询公司，在为企业制定战略时，使用了几种常用的工具。

第一个工具是安索夫矩阵。

这个矩阵是安索夫发明的。他在 1965 年出版的《公司战略》一书中，借用"战略"这个军事术语，回答了企业怎样做才能在复杂多元的市场中生存的焦点问题。当时企业有多种决策模式，安索夫认为，对高层经理人来说，最重要的是战略决策，因为战略是"现在与未来的纽带"。

安索夫

战略决策的思路现在看来很简单：首先设想公司将来的样子，其次明确公司现在的样子，然后分析二者之间的差距并弥补这些差距。这和当时传统思维正好相反，当时很多人是根据现有资源去设定目标，有多少资源做多大事；而战略思维是从后往前看，根据目标配置资源。两者的结果可能会是天壤之别。

这看似简单，其实很难。比如第一步"设想公司将来的样子"就会难倒很多人，要么设想不切实际，要么设想不够创新。要设想到一个合适的度是很难的。所以一些人退而求其次，找到一个潜在的行业标杆，再在它的基础上进行微调，就会大大降低难度。

为了便于经理人进行战略决策，安索夫将产品和市场联系起来，形成一个矩阵。一共分成以下 4 种情况：

（1）在现有市场，销售现有产品，采用市场渗透战略。力求增大该市场的占有率，吃透现有市场。

（2）在现有市场，销售新兴产品，采用产品延伸战略。通过扩大产品丰富程度，满足现有市场的各种需求。

（3）在新的市场，销售现有产品，采用市场开拓战略。就是使现有产品进入更大的市场范围，比如原来产品只做中年人市场，现在增加年轻人市场。

（4）在新的市场，销售新兴产品，采用多样化经营。相当于提供新产品给新市场，从而不影响原来的市场。

安索夫矩阵

安索夫矩阵实际上是一个评估战略选择风险的简单工具。经理人在考虑是进还是退，进到哪里退到哪里时，这一工具可以提供清晰的思路。

第二个战略分析工具，是安德鲁斯的 TOWS 矩阵（升级前的版本更为知名，叫作 SWOT 矩阵）。

人们认为，战略是外部机遇与内部优势相结合的产物。于是，安德鲁斯便从外部与内部两个维度划分出四大象限，形成 TOWS 矩阵。TOWS 矩阵是这样说的：

如果外部机会与内部优势相匹配，就应该积极进攻；
如果外部机会对应着内部劣势，就应该补齐自身弱点；
如果外部威胁对应着内部优势，就应该实施差别化；
如果外部威胁对应着内部劣势，就应该防守或撤退。

TOWS 矩阵

　　当然，实际战略制定不仅仅是上面 4 个结果，而是有上百个可选项。比如，外部的机会与威胁、内部的优势与劣势各有 5 个定义元素，每个象限就有 25 种（5×5）组合，4 个象限则一共可以得到 100 种（25×4）提案。排除一些无意义的组合后，仍然剩下许多提案可供选择，大大拓宽了选择的余地。

　　第三个战略分析矩阵更知名，它便是大名鼎鼎的波士顿矩阵。

　　在麦肯锡之后，亨德森创办了波士顿咨询公司。在当时，对业务的分类管理是个大问题，业界需要一个工具让管理者明白是否应该在某项业务上进行投资。而波士顿矩阵就回答了如何在多元化公司的不同业务之间分配资金这个难题。波士顿矩阵诞生于 1969 年，由洛克里吉发明。他用市场增长潜力和市场份额两个维度，得出 4 类业务：

　　明星产品：高份额、高增长潜力的业务；

　　现金牛产品：高份额、低增长潜力的业务；

　　问题产品：低份额、高增长潜力的业务；

　　瘦狗产品：低份额、低增长潜力的业务。

波士顿矩阵

　　常规的战略是将增长已经稳定的现金牛产品作为投资资金的来源；喂食给具有高增长潜力的明星产品，使其成为下一个阶段的现金牛产品；甄别出可以提升市场份额的问题产品进行投资，使其成为明星产品；最后退出双低的瘦狗产品。波士顿矩阵表达一个企业至少同时需要两种产品：一是需要投入的高增长潜力明星产品，二是创造现金流的现金牛产品，这种组合可以平衡现金流之间的差额。也有人对波士顿矩阵持反对意见，认为明星也可能是一个陷阱，瘦狗也可能是一个蒙尘的明星。

　　第四个常用工具是经验曲线。

　　波士顿咨询公司的一个叫克拉克森的年轻人提出了"经验曲线"。他发现随着商品产量的翻倍，单个产品的制造成本通常会以10%～30%的比例下降。这意味着，第一个迅速扩大产量的企业能得到领先于对手的成本优势。通过预判未来一段时期内随着产量增加会带来多少成本的下降，还可以精准地降低价格，圈占市场份额。经验曲线的广泛应用，常常会导致企业只重视扩大产能，然后采取降价手段，只为比其他竞争对手更早地进入经验曲线所描述的这种状态，而忽视了其他战略因素。

　　后来，波士顿咨询公司一个叫贝恩的年轻人，不满足于只做短期业务，辞职创立了贝恩咨询公司。麦肯锡、波士顿、贝恩成为战略咨询公司三巨头。不过，这三巨头研发的战略理论与工具，虽然也颇有影响力，但却完全被下面这个人的光芒所掩盖。

迈克尔·波特

定位学派的巅峰

　　要论定位学派乃至整个战略学的巅峰，并不是上面的战略咨询三巨头，而是迈克尔·波特。1980 年，迈克尔·波特出版了《竞争战略》，之后又出版《竞争优势》《国家竞争优势》组成

"竞争三部曲"。这三部曲构建了空前完整的竞争战略体系，也让波特成为战略学第一人。

波特在"竞争三部曲"中，一共给出了三个战略模型："五力模型""三大基本战略"和"价值链"。下面对这三个模型分别说一说。

首先，波特提出的战略体系，被命名为"竞争战略"。这个名称背后的含义是：战略是应对竞争而生的。没有竞争，就不需要战略；没有竞争，埋头做好自己就行了。波特把竞争分成两种：一种是大家都以同样的方式从事生产、销售，提供同样的产品或服务，他们都在争取做到最好；另一种是大家都以不同的方式从事生产、销售，提供各不相同的产品或服务，他们追求各自的特色。

波特认为，前一种"争做最好"的竞争方式，比拼的是企业的经营效率，这是一场没有赢家的零和角逐。接受行业常规模式固然是一种较为简单的途径，但"争做最好"的竞争越来越难；而后一种"突出特色"的竞争，才是战略层面的竞争。

1. 五力模型

波特高度重视竞争对手，他甚至认为一个行业有五类竞争对手。除了行业现有竞争者之外，供应方、购买方、新进入者、替代者这四类均可能是竞争对手。波特将这五种竞争对手组合成"五力模型"，认为正是它们催生了竞争战略。

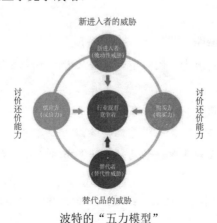

波特的"五力模型"

行业现有竞争者：这是最直接的竞争对手。比如，沃尔玛一开始选址小城镇，避开了大城市同行的直接竞争，悄悄地发展壮大。

供应方：你的上游。供应方如果议价能力很强，那么企业可能会实施纵向一体化，自己生产核心供应品，以主导行业利润，比如福特早在 20 世纪 20 年代就在巴西经营橡胶园以供自己的轮胎生产。

购买方：你的下游。强大的购买方会压低你的价格，或迫使你提高产品附加值。比如墨西哥水泥集团进入了美国的市场，但它在墨西哥赢得的利润比在美国多得多。并不是它在墨西哥市场创造的价值更高，而是因为墨西哥市场上是无数的个体顾客，企业拥有更好的议价能力。而美国市场上的顾客是几个实力雄厚的建筑集团，定价权在顾客手中。

新进入者：如果一个行业的技术门槛很低，新进入者都想进来分一杯羹，那么企业可能会加大对品牌的投资，以抓住顾客的忠诚，比如两大可乐品牌历次的广告大战。

替代者：原来不属于这个行业，但功能具有一定替代性。比如智能手机兴起后，就替代了原来的消费级数码相机市场。

总结一下，这"五力"的角逐，会奠定一个产业的格局，也决定了产业总利润如何分配。一个企业的竞争战略便是从五力角逐中起源的。

2. 三大基本战略

为了应对这"五力"的竞争，波特又提出三种通用的基本战略：

比竞争对手便宜，叫总成本领先战略；
和竞争对手不一样，叫差异化战略；
占领一个竞争对手忽视的局部市场，叫目标集聚战略。

三大基本战略其实有两个维度，一个维度是竞争优势的来源，另一个维度是目标市场的范围。两个维度相结合形成四个象限，其实细说有四个通用的基本战略，但一般还是尊重波特的说法，称为三大基本战略。

波士顿根据经验曲线，意识到总成本领先是一家公司所能采用的制胜战略，而波特却一口气提出三个基本战略（要知道这是 20 世纪 80 年代）。这样，战略管理的主题就变成了选择，一家公司必须选择一种基本战略或几种基本战略的组合，并坚持下去，让它区别于其他竞争对手。三大咨询公司尽管有丰富的实践经验，却一直遗憾未能出版一本像波特的"竞争三部曲"这样具有强大囊括能力的专著。

三大基本战略可以使企业在产业中获得高于平均水平的回报，如果一个企业没能沿这三个方向中的至少一个方向制定自己的竞争战略，它就会被夹在中间，利润率和抗风险能力将会双低。

写到这里，怕大家望文生义，认为"三大基本战略"的名词中既然有"战略"二字，那这应该就是波特的竞争战略了。我以前也犯过同样的错误，经过全面深刻的研究，在这里告诉大家，这是不正确的。切记：三大基本战略只是三种基本的战略"类型"。这是什么意思？就是说从三大战略类型中选择一个或一套战略类型，只能说选了个类型，不能说战略已经形成。

仅仅针对战略类型泛泛而谈没有太多意义，竞争战略，还需要经过下一步"价值链"的落地，一个独特的战略才算成形。

3. 价值链

选择了基本战略类型之后，下一步由"价值链"来接手。价值链指明了企业内部要做哪些具体动作。价值链理论将企业活动分为 5 个主要活动和 4 个辅助活动：

5 个主要活动为：进货物流、生产运转、发货物流、市场与销售、服务，可以看出这是按时间顺序排列的。

4 个辅助活动为：企业基础设施、人力资源管理、技术开发、采购，除了企业基础设施，另外 3 个辅助活动都与每一种主要活动相关联，以支持着整个价值链。

在设计价值链的时候，将各活动填入方格中，将所有关键活动汇总在这一张图上，从中可以一览企业运营活动的全貌。便于整体地分析和调整所有活动，以形成独特的价值链。

波特的企业价值链

玛格丽塔曾担任与波特对接的编辑，她认为价值链实际上就是一个行业的商业模式（"商业模式"这个名词在后来的互联网时代十分火热）。价值链能帮助你将企业行为细化为与战略相关的各项具体经营活动。

4. 定位

过了 10 多年后，波特的理论面临着"能力学派"的严峻挑战，为了应对这种局面，波特于 1996 年发表了一篇重要文章，叫《什么是战略》。在这篇文章里，他提出竞争战略的本质就是差异性。这种差异性主要通过定位、取舍、配称这三大要素来实现。

先说说定位。波特的竞争战略论，被学术界划入"定位学派"。他认为战略是用一组不同的活动创造独特的有价值的定位。简单来说，战略就是创建一个定位。

不过，波特说的"定位"和大名鼎鼎的里斯、特劳特的"定位"有所不同。波特认为里斯、特劳特的定位是"品牌定位"，而他的定位是"战略定位"。关于这两个"定位"的区别，双方争论不休。但里斯、特劳特的"定位"一般被看作是让品牌抢占一个对自己有利的用户心智位。而波特说的"定位"则是让企业在产业生态格局中占据一个对自己最有利的竞争位置。

这个位置可以放大自身的优势，同时充分暴露对手的弱点。占据这个位置，就能促进强弱转换，以强击弱，可以卡住各类竞争对手，使自己在战略上占据优势。有人说，战略定位就是抢占产业生态位。（"心智位"和"生态位"的说法，我个人觉得比较恰当。）

在《什么是战略》一文中，波特提出战略定位有三个原点：一是基于种类的定位，二是基于需求的定位，三是基于接触途径的定位。

但不管定位是基于产品种类、客户需求还是接触途径，它都需要一系列特别设计的运营活动与之配套。坐到了这个位置，自然也就决定了你要采取哪些行为。战略定位的实质就是选择与竞争对手不同的运营活动。其实这些运营活动，也就是上面所说的"价值链"的内容。

这些运营活动如此重要，波特又为它们设立了两个关键点：取舍、配称。

5. 取舍

波特认为，选择一个定位并不能保证获得持久优势，还需要对运营活动做出一定的取舍，否则战略定位不可能持久。

《孙子兵法》说，"故备前则后寡，备后则前寡；备左则右寡，备右则左寡；无所不备，则无所不寡"。为什么会有这种现象呢？难道真的无法无所不备吗？没错，真的不可以。因为每个组织的资源都是有限的、宝贵的，好钢要用在刀刃上。当各种运营活动互不兼容时，取舍在所难免。当公司做出了取舍，事实上也就明确了组织中各项工作的轻重缓急。

请注意，这里所说的"运营活动"，并不仅仅是我们最常见的公关活动、促销活动等营销活动，它还包括价值链中其他环节的活动，比如供应商的筛选、附加服务的增删、生产方式的改善等。也就是说，战略活动取舍的范围不能局限在营销领域，要将价值链其他环节的所有动作纳入战略取舍的范围。

6. 配称

取舍之后，波特又提出一个难解的术语——"配称"。

我之前一直不懂"配称"的意思，一般专业人士写文章也不愿意多作解释，我也不好问，终于在波特这篇文章中，找到了它的解释。波特说，运营活动成功的关键，是相互之间要环环相扣。这种各个活动之间环环相扣的协调性、连贯性，就是配称。

有了配称，便可以将模仿者拒之门外，因为对方模仿任何一点都会不得要领，反伤及他自身的协调性。竞争对手也许可以复制你的某项单独活动，但很难复制互相关联的整个活动系统。波特将配称分为三层：第一层是各运营活动的一致性；第二层是各活动之间相互加强；第三层是各活动的投入最优化。前两层好理解，就是字面的意思，第三层有些难以理解。举例来说，比如在开发产品时，考虑免维护的设计，就可以省去售后维修服务，在这一个运营活动上，达到了投入的最优化。

大多数广告、营销、品牌、战略乃至哲学书籍，都有个缺点，就是不知不觉地给一个重要名词下了若干个不同的定义，并拒绝对此做进一步说明。就拿《什么是战略》一文来说，对战略就有若干不同的解释。在讲到定位时，波特说战略就是定位；在讲到取舍时，波特说战略就是取舍；在讲到配称时，波特又说战略就是配称。那我也只能综合一下他文中的意思：真正的战略，是以定位为核心对运营活动进行取舍，建立独特的配称。

7. 波特两大框架的综合

唯一的问题是，我没有找到波特前后期两大框架的融合方法。前期三大模型（五力模型、三大基本战略、价值链）与后期总结的定位、取舍、配称之间到底是如何形成一个整体的？希望找到相关资料的朋友告诉我。但我还是忍不住发挥一下，猜测竞争战略的大致流程如下：

（1）运用"五力模型"预见未来的产业格局；

（2）进行战略定位，也就是确定自己在产业格局中的有利位置；

（3）选择一个或一套基本战略类型；

（4）对运营活动做出取舍；

（5）构建企业独特的价值链；

（6）在各项运营活动之间建立配称来相互加强，形成长久的战略优势。

五力模型、定位、三大基本战略、取舍、价值链、配称，这一连串闪闪发光的概念，以及它们所构建的宏大体系，让波特从咨询公司手中接过了话筒，成为了战略学的首席发言人。

西南航空的战略分析

二战之后，美国步入了经济发展的快车道。生活水平的提高，使人们对交通工具有了更高的要求。而飞机以其快速、舒适的特点受到了人们的广泛青睐，航空业也因此获得高速发展。

20世纪60年代中期，美国国内开辟了7条定期航线，但当时的大型航空公司却不屑于开展国内短途业务，都把目光集中于利润更高的长途业务。而国内短途商务旅行的日益频繁却使得短途运输也成为有利可图的市场机会。西南航空公司的创始人敏锐地发现了这一市场机会，开始在大公司的夹缝中求生存。20世纪70年代，西南航空把资源、精力集中于得克萨斯州的短途航班上，采取低价策略以争取更多的乘客，很快便在得克萨斯州的航空市场上占据了主导地位。

西南航空的成绩引起大型航空公司的注意，它们对西南航空进行了激烈的反击。然而，在西南航空的低价面前，它们的反击没有丝毫的竞争力。西南航空从达拉斯到圣安东尼奥的航线票价为15美元，而其竞争对手布兰尼夫国际航空公司在这一航线上的机票为62美元。在使用价值相差无几的情况下，价格是吸引消费者的决定性因素，而这正是西南航空公司在20世纪80年代获得大发展的原因所在。波特认为，西南航空实现这么大成就的重要秘诀就在于，在长达30年的时间里始终奉行着与其他航空公司截然不同的战略定位。

下面，我们便用波特的理论，来分析西南航空的成功之道。首先，进行五力分析。航空业的竞争是异常激烈的，根据五力模型来分析如下：

竞争对手：固定成本较高，热衷于通过价格战来提高上座率。

供应方：飞机制造商的力量是十分强大的。

购买方：对价格很敏感，而且在不同航空公司之间的转换成本较低。

新进入者：航空业的进入门槛实际上比较低。你如果能租几架飞机，就能创办一家航空公司。

替代者：会压低航空业的价格水平。客户可以选择其他交通工具，尤其是短途旅客。

西南航空公司CEO赫布·凯莱赫认为"五力"中最大的威胁并非竞争对手，而是来自替代品，来自地面交通。如果采取对标地面交通的定价，将会走出一条创新的大道。他说："现在的航空公司收费很高，每天的班次也很少，我们的航空公司，机票只收几美元，每天提供很多班次。"西南航空对标地面交通，确立了专注短途航线、快速出行的定位。在三大基本战略类型的选择上，通常都认为西南航空走的是总成本领先路线。但其实西南航空的战略，同时涵盖了波特的三种基本战略类别：

远远低于竞争对手的价格，可以看作总成本领先战略；

向旅客提供快速且适可而止的服务，可以看作差异化战略；

占领一个对手忽视的短途航线市场，可以看作目标集聚战略。

为了实战这套战略，西南航空对运营活动进行了大刀阔斧的取舍。"舍"掉了什么，又"取"到了什么？一些细节如下：

取消飞机上的餐饮服务，节省该笔费用和打扫清洁的时间；取消多种机型，统一使用波音 737，大大提高维修保养的费效比；取消指定座位，提高了客户登机的效率；取消头等舱，增加了 12 个普通舱位；取消转机，只进行点对点直飞，让飞机起降架次更少，飞机的寿命更长；取消旅行社售票和送票上门，避开了高额的代理手续费用；不参加行业联运，不需要为其他公司的航班延误和行李托运错误操作等问题负责，从而提高了自身的经营效率……

经过取舍，西南航空形成了一个与众不同的价值链。这套价值链让西南航空每英里运营成本降到不足 10 美元，而美国航空业的平均水平为 15 美元。西南航空还创造了世界航空界最短的航班轮转时间。一般航空公司需要 1 个小时才能完成航班轮转，而西南航空公司只需 15 分钟。

西南航空价值链上的这些运营活动环环相扣，建立了配称，这让竞争对手无法模仿。大陆航空公司看到西南航空做得成功，决定尾随其后。它在保持全面服务这一定位的同时，开始在一些定点航线上与西南航空展开竞争。在这项新业务上，大陆航空公司采取了与西南航空几乎完全相同的运营措施。但由于两大业务板块互不兼容，新业务的各项动作未能连贯协调，最终大陆航空公司放弃了对西南航空的模仿。至此，西南航空的便捷、低价优势令全方位服务型航空公司难以望其项背。

13

唐·舒尔茨：IMC 整合营销传播

整合营销传播是营销史上最重要话题之一。今天来试着说透它。

"单一"与"整合"，谁是对的?

无论是早期产品硬销时代的霍普金斯、罗瑟·瑞夫斯，还是创意革命时期的奥格威、伯恩巴克和李奥贝纳，以及定位时代的里斯和特劳特，他们都提出了各自的广告主张。这些主张内容虽然不尽相同，但至少也有一个共同点，就是无论是品牌形象、USP，还是定位，这些都可以看成一种单一的主张。

然而，奥格威那么厉害的人物，他的公司在当时也只是小公司。《麦迪逊大道》一书中记载：当时行业中成立时间更早、规模更大的一批公司，如麦肯、智威汤逊、BBDO 等，它们并不相信这些创意先锋们的单一广告主张。它们认为广告公司要根据企业的不同，自由地从所有门派中挑选出最有希望的方法。

BBDO 的人说："你常常可以看出这是奥格威的广告，那是达彼思的广告，但你无法认出哪个是我们的广告，因为我们会去整合每个人的构想。我们将整个行业的经验应用到客户的难题上，这证明我们严肃地对待每个客户的业务。"

智威汤逊多年来一直是行业第一，这家巨无霸公司最有名的策略是——请明星或名人为产品代言，比如力士香皂。但除了明星代言，智威汤逊宣称可以做任何种类的广告。

麦肯则更加疯狂，他们并不认为做广告是最重要的工作，他们认为他们在处理"整个营销"的问题。也就是说，麦肯不仅要包罗所有的广告主张，还要整合所有的营销手段，为客户提供营销附加服务。

关于营销附加服务的争论

随着营销理念的主流化，大多数广告公司都增设了一个新部门——营销部。这个部门与广告主在推销工作尚未直接涉及广告前进行讨论。通常会就有关销售组织、推销员酬劳、经销商折扣、赠品，以及将产品带给消费者的所有其他事宜，为客户提供建议。

更重要的是使广告公司随时知道客户发展的情况，如此才能够依照客户的销售系统，而使广告建议能切合实际。比如扬雅广告为各项目组都指派了一位营销人员，他的职责是为客户撰写"营销计划"。他常常待在客户业务经理的办公室，让整个项目组随时知道市场中以及客户公司业务组织内发生的事情。

对于营销附加服务，有人赞同，自然就有人反对。因为增加营销方面的附加服务后，很多广告公司的日子不好过了。当时，像奥格威这样规模的知名广告公司，都无法负担长期为客户提供附加服务的专家费用。奥格威抱怨道："我们只有两种选择，不是服务不周而失去客户，就是服务过度而破产。"

其实早在 1925 年，各种附加服务还处在萌芽状态，拉斯克尔就表示反对。

拉斯克尔认为，由于行业竞争越来越激烈，广告公司开始许诺为企业做一些额外的事，但广告公司就是要在广告能发挥作用的领域，充分释放它的价值。最重要的是把广告做好，而不是提供一堆毫无意义的附加服务。虽然这些附加服务很吸引广告主，然而"一旦过于卷入广告主的生意当中，就会失去对外界观点的把握，失去对广告主最有价值的东西"。

确实，如果你深入企业内部，知道了很多事情。那么，你就真的很难、很难、很难跳出这个角色来体会到——其他不知道这些事的普通人对产品持什么样的想法了。这也就失去了"旁观者清"的立场和"局外生慧"的土壤。

而且，成功广告主的广告活动给其他生产商带来了太多的期望，而这些期望仅靠广告是难以实现的。客户花了大量的金钱又不能马上获得巨大的收益，他们就会对广告失去耐心。哪怕只能带来正常的结果，他也会感觉得不到所期望的东西。

拉斯克尔甚至说了这么一句话："对于那些离了广告便无法成功的生产商来说，即使有一流的广告相助也不会成功。"强调打铁还需自身硬。读到这里，我猛然想起为什么一些知名广告营销公司很少服务初生品牌，只服务扩张期的企业。因为这些企业已经度过了为生存担忧的初生阶段，已经拥有在市场立足的看家本领，正是需要广告营销一展身手的时候。可以说这些企业已经是成功企业了，广告公司为他们服务，也已经立于不败之地。

作为行业开拓者，拉斯克尔的观点非常精辟。不过，历史发展的车轮终究不可抗拒。

"你带着广告样稿来，你就无法接触到最高层"

在以科特勒为代表的学术界的影响下，营销理念深受企业界青睐。麦肯公司的乔治·帕克说："广告公司一定要与客户最高层做经常性联络。然而如果你带着广告样稿来，你就无法接触那个阶层。你必须提出营销咨询意见。"

此时营销领域的主流理论正是 4P 营销组合。这个理论告诉人们：营销应该帮助企业决定生产什么、如何定价、如何分销，以及如何促销推广，这为营销行业建立了理论框架。不过 4P 理论将广告放在最后

一个 "P" ——Promotion（促销）之下，这显然伤了广告人的自尊。

曾经，广告人是服务业的骄子，罗斯福总统甚至对拉斯克尔说"不做总统，就做广告人"。在大多数人的心中，"广告"就是"营销"的代名词，它们甚至是可以互换的。虽然营销是比广告范围更大的词，但"广告"一词更为简洁且为人们熟悉，所以常常被作为"广告和营销"的简称。

在 20 世纪 70 年代的广告行业，里斯和特劳特提出了"定位"理论。定位理论被放置在 4P 之上，普遍认为先有品牌定位，然后再让 4P 聚焦在这一定位上。这一概念成为热门，也促进了广告公司提供营销服务的热情。

行业的未来属于将营销纳入工作范围的广告公司。广告公司不仅要研究创意与媒介投放，还要提供各种附加服务。

可是 4P 理论将广告放在最后一个"P" ——"促销"之下，终究令广告人耿耿于怀。在为企业提供营销附加服务时，广告人也始终有一点名不正、言不顺的尴尬。果然，没过多久，全行业大都转向了下面这一新兴营销理论。

唐·舒尔茨

1991 年，唐·舒尔茨提出一种新的营销架构——整合营销传播（Integrated Marketing Communication，IMC）。这个营销理念得到广告行业的大力推崇，因为该理论正是从他们的角度来看待营销的。

IMC 崛起的大背景

整合营销传播这个概念，从字面意思上似乎很好理解，但其实并不好理解。为了搞懂这个概念，我又拿起之前怎么都看不明白的《整合营销传播》。

书中有一句名言："营销即传播"，这句话如雷贯耳。人们在解释什么是整合营销传播时，也大多直接套用这句，说营销就是传播。不过，大多数人还会想：营销就是营销，传播就是传播，两者虽有交集，但各有范畴，怎么能轻率地画等号呢？

要理解这句名言的精髓，我们需要知道当时营销界所发生的一些变化。唐·舒尔茨在书中指出了这些变化，我将其核心部分简单总结为以下四点。

第一点变化：营销从企业导向，到顾客导向。

二战后的美国，商品不再短缺，已经极大地丰富，营销需要从企业导向转化为顾客导向。唐·舒尔茨认为 4P 理论是企业导向的，已成明日花黄。

唐·舒尔茨是这样解释产品、价格、渠道、促销这 4 个 "P" 的：制造商之所以决定生产某种产品，是因为他能够生产；然后根据生产成本加上尽可能高的利润来决定价格；通过分销系统将产品摆上商店货架；最后不遗余力地推销这些产品。在整个营销环节中，4P 理论没有站在消费者的角度来开展。

他建议用劳特伯恩的 4C 理论替换已 "过时" 的 4P 理论，该理论将 4P 更换成消费者视角的对应物。提出关注消费者需求，而非产品；关注消费付出的总成本，而非价格；关注与消费者双向沟通，而非促销推广；关注消费者的便利，而非渠道。需求（consumer's need）、成本（cost）、便利（convenience）、沟通（communication）这四者英文均以 C 开头，被称为 4C 理论。

这引起了巨大的争议，赞同与反对的声音皆十分强烈。但唐·舒尔茨本人也未能真正平衡这两者，4P 的主流地位不可撼动，书中提出的企划模型仍以 4P 为基础营销工具。（其实 4P 与 4C 各有优劣，真正平衡这两者的，还要看柏唯良的《细节营销》。他说从企业角度讲的 4P 是主流，但从顾客角度讲的 4C 也是重要的补充，两者都需要。柏唯良认为对任何一个 P 的投资都会影响到所有的 C，所以不要拘泥于这种争论。遇到问题，看一下 4P，一个一个地思考，哪些方面可以进行哪些改进，然后看这些改进是否可以提升 4C，这样就可以发明自己专属的市场营销方法。）

尽管争议如此巨大，但唐·舒尔茨指明——"以消费者为中心"的时代来了。

第二点变化：从大规模营销，到一对一营销。

大众传媒到二战后达到顶峰，通过三大电视台，几乎可以使同一信息在同一时间到达每个人。20 世纪 90 年代，媒体急剧分化。电视从覆盖 90% 的家庭下降到 50%，杂志多达 1 万多种。大众媒体不再吸引大众，通过大众传媒发布单一信息送达尽可能广泛的人群，已不再奏效了。每个媒体的受众越来越少的同时，每个受众所能接触的媒体却越来越多。现在是分众的时代，单一化的大众市场，分裂为成百上千的个别市场。一对一营销替代了大规模营销。

我觉得，唐·舒尔茨的分众概念，与市场细分、品类分化等理论有类似的地方。

第三点变化：从单向传播，到双向互动。

此时企业中军队式等级制度慢慢瓦解，命令式管理慢慢变成了"授权"式管理。这意味着人们可以选择，可以反馈。这些全民习俗的扩大化，让营销不仅仅是表演独白诗，而是要获得顾客的反馈和响应，以建立双向互动的长期关系。

企业与顾客双向沟通，追求长期的互动关系，成为营销的重中之重。也就是说，营销的核心从交易走向关系。

唐·舒尔茨提出的关系、互动、分众等概念深入人心。在今天，由于移动互联网技术的成熟，社交营销、互动营销、一对一营销都成为现实。之前还不曾想到的这些理论却是 20 多年前就提出来的。

第四点变化：讯息处理模式从"取代"到"累积"。

要实现双向互动，就需要了解消费者头脑处理讯息的模式，否则互动不了。很多失败的营销，是由于厂商的讯息无法和消费者的认知经验领域保持一致，被消费者视而不见、过耳即忘，不会有反馈和响应。

营销是为了在消费者心中放进一点讯息，以期影响消费者的购买行为。所以，研究消费者头脑如何处理讯息至关重要。

当时主流观点认为，一个讯息可以把消费者脑中其他竞品扫地出门，厂商只要比对手传送更多讯息，就能"占领"消费者脑海中的产品类别。这种新讯息取代旧讯息模式，带有深厚的战争气息，被唐·舒尔茨称为"取代模式"，他认为"定位"正是这种模式的代表。

唐·舒尔茨反对"取代模式"，认为实际上可能是"累积模式"：新讯息并不能取代旧讯息，而是和原有的概念结合。因此，营销传播实际上是一种累积的过程。在这个过程中，产品的讯息不断被储存、处理和回想。他认为这种"累积模式"更加接近于人脑的讯息处理模式。

IMC 到底是什么？

以上四点变化，是唐·舒尔茨提出 IMC 的大背景。接下来，再看看 IMC 到底是什么，分三点来说。

1. 营销即传播

现在终于要解释"营销即传播，传播即营销"这句重要的话了。

这句话点出 IMC 与 4P 之间的本质区别。我觉得从本质上来说，这两者并非对立，而是看待营销的角度不一样。4P 是从销售的角度来看营销，而 IMC 是从传播的角度来看营销。IMC 是用传播思维理解营销的各个元素，把传播融到各个营销元素中去，形成整合营销传播。最终就如唐·舒尔茨所言"营销即传播，传播即营销"。

唐·舒尔茨强调站在顾客立场，从传播的角度来看营销，就会发现——4P 皆传播。产品设计是一种传播，不同的产品设计会传达给消费者不同的讯息与价值观。包装也是如此，包装简陋的化妆品，在功能上与包装精美的化妆品可能并无太大区别，但它们传达的认知价值是不同的。销售渠道更是如此，同样的商品在路边小店和购物中心售卖，感觉就是不一样。所以，营销就是传播，传播几乎就是营销。

就凭这一点，IMC 理论得到广告行业的大力推崇，因为该理论正是从他们的角度来看待营销的。

2. 形成关系是营销的关键

由于上面所说的一对一营销、双向互动的兴起，让人们认识到和消费者形成关系比短期销量更重要，这是一种长远的战略眼光。唐·舒尔茨认为，形成关系是未来所有营销的关键，通过 IMC，这种关系得以建立。

20 世纪 90 年代媒体巨大的变革，导致双向沟通的产生。当时为了达成双向沟通，首先，厂商要了解消费者所拥有的资讯形成及内容；其次，消费者要能通过某种管道让厂商知道他需要哪一种资讯；最后，厂商要能及时对消费者的需要予以回应。如今看来，这种双向沟通显得有些笨拙费力。

而在今天，技术已经高效地实现了唐·舒尔茨所说的这种"一对一"互动营销。比如，每个人在淘宝上的每一次浏览，包括所浏览的商品、浏览时长、是否收藏、多久下单、下单后是否回购……这些数据都可以让平台在打通各个部门的数据孤岛后，通过"用户 ID 关联识别系统"，精准地预测到你的喜好，从而主动出击，给你推荐更适合的东西。移动互联网的每个页面，其实都是给你量身定做的内容。

通过"一对一"针对性沟通，能更好地促使客户进行注册、关注、购买、推荐等互动行为，反过来客户这些行为，也促使厂商进一步更有针对性地互动营销。如此，双方便形成了长期而紧密的互动关系，而只要这层关系在，销量自然就在。形成关系果然成为了营销的关键。

3. 要形成关系，就必须整合

厂商和消费者之间一对一持续沟通，建立互动关系，是 IMC 的精神。而要想和消费者建立一对一的互动关系，就必须整合种种形式的营销传播。

要特别注意，这里的"一对一"与"整合"看似相互矛盾，实则和谐统一。整合营销传播，既要在技术上实现客户的一对一互动，更要在策略上贯穿整合之道。

那什么是整合？部分人会拿"组合营销"当"整合营销"，以为买几个互联网媒介做做定制投放，线下搞搞促销就叫整合营销了，这是不足的。有的广告公司提出"交响乐团"的比喻，认为 IMC 是确保消费者从不同乐器合奏中欣赏到同一首交响乐。唐·舒尔茨认为这是摸到了"大象的耳朵"。

但是，我未能从书中发现明确易懂的关于"整合"的定义。当然 IMC 肯定不是"用一个声音说话"，因为这明显违背一对一营销为不同的客户设计不同策略的原则。

对于"整合"的理解，个人倾向于华杉说的"所有事都是一件事"。由于营销各个板块的趋同合一，产品开发、品牌命名、渠道价格、包装设计、广告创意其实都是一件事。比如产品是最大的广告，广告是在媒体上的经营活动，等等。很多时候一个做法到底属于哪个"P"，是产品、渠道、价格还是促销，完全取决于你的视角。整合，就是要把这些事在一个系统里一次做对。

消费者并不区分各种媒体或各种营销手段，这些不同媒体的信息，在消费头脑中混在一起。厂商的信息需要清晰、一致且易于理解，厂商的讯息如果没有整合，在消费者接收处理过程中就可能发生矛盾。

而且整合不仅仅针对传播层面，而是要囊括整个营销领域。这是由于技术的兴起，让营销渐渐出现"推销合一"的趋势。举例来说，一个电商平台，既是渠道，同时也可直接推广；而一个广告，同时也可以是渠道，能通过扫码直接购买商品。这种趋同，让整合越来越重要。

IMC 的影响

上面说得很长，这里再次对 IMC 的核心总结一下。IMC 是以传播思维来理解营销 4P 的；从传播角度看营销，便能发现营销的关键——与消费者建立一个关系，关系在，销量就在；要建立这种关系，则需要整合所有营销手段，把所有事当成一件事来贯通思考。

IMC 整合营销传播是一种新的营销理论架构，对广告营销行业有极其重要的影响，主要有三点。

首先，IMC 提升了营销界对品牌的关注度。在 IMC 中，顾客是与品牌进行关联，而不是与各种营销传播活动进行关联，品牌成为关于整合讨论的基础，大家的目光从销量移到了品牌上。IMC 提出的"品牌接触点"，成为品牌类工作的核心术语之一。

然后，IMC 还开启了后来互动公司的潮流。新兴网络媒体，由于能跟踪反馈、行为和销售状况，这种互动的价值慢慢被大家认可，渐渐有超越传统电视媒体的趋势。但这些新媒体所需的技术和传统广告公司有所不同，因此新一代成立的广告公司纷纷自称某某互动公司，以表示自身与传统广告公司的区别。

最后，IMC 在当时引起的最大反响，当数广告公司纷纷转型为整合营销传播集团，进入了一个"言必称整合"的时代。

不过，麦肯公司认为早在 1951 年，麦肯总裁马里恩·哈珀便一心琢磨如何组建"未来的代理公司"，他在麦肯公司内部成立了研究所，提倡用"整体性"办法解决营销问题，最终马里恩·哈珀将麦肯成功进化成 IPG 集团，事实上实施着整合营销传播。

《真实的广告狂人》作者克拉克内尔认为，在全行业中，马里恩·哈珀比所有人看得更远。下一章，便看看哈珀与麦肯改变广告行业的故事。

14

小马里恩·哈珀的广告帝国

无论是罗瑟·瑞夫斯提出的"USP"，还是奥格威所推广的"品牌形象"，又或是里斯和特劳特提出的"定位"……这些都可以看成一种单一的主张。

而行业中成立时间更早，规模也更大的一批元老级公司，它们并不推崇这些创意先锋们的单一广告主张。它们认为广告公司要根据企业的不同，自由地从所有门派中组合出最有效的方法。

BBDO一位资深人士自豪地说："你常常可以看出这是奥格威的广告，那是达彼思的广告，但你无法认出哪个是我们的广告，因为我们会去整合每个人的构想。"麦肯则更加疯狂。他们认为做广告并不是他最重要的工作，他们要处理"整个营销"的问题。

本文便是麦肯的传奇故事。

麦肯早期的发展

麦肯的历史最早可以追溯到1902年成立的埃里克森广告公司。在1930年，埃里克森与晚自己9年成立的麦肯合并，合并后的新公司名称是这两者的组合。不过不叫埃里克森－麦肯，而叫麦肯－埃里克森广告公司，也就是后来的麦肯世界，一般仍然简称麦肯。

合并后的麦肯迅速发展，最主要的是把握住了两大先机。第一个先机是新媒体的兴起。

当时两家公司的合并，正赶上广告业第一次变革。全行业正兴起一个新媒体——广播媒体。由于无须识字，广播收听量远远超过报纸的阅读量，当时每个家庭平均每天要收听 4 个小时的广播节目。在合并的前一年，麦肯就收购了一家广播节目制作公司，得到一批广播创作人才。合并后的麦肯高度重视广播媒体，而公司的规模也直追当时的巨头。

在广播之后，又兴起一种有图像的"广播"——电视。按照人们的习惯，美国的电视台不叫某某电视台，而叫作某某广播公司。尽管当时电视才刚刚起步，而且只是黑白的，但麦肯认为电视的传播威力有超过传统报刊媒体的趋势，便投入大量精力将已有的广播业务优势发展到电视上。到了 20 世纪 50 年代电视占据主导地位，成为媒体之王，麦肯也水涨船高成为电视广告业务量最大的公司。

有图像的"广播"——电视

第二个先机是拓展海外市场。

创始人哈里森·麦肯早在 1917 年就说："海外其他国家的生活与生产水平比我们要低，所以他们的产品会以极低的价格在当地销售，我国的制造商在海外市场将面临巨大竞争，我国制造商在海外必须大做广告才能在竞争中站稳脚跟。"

1927 年，麦肯在欧洲建立了分公司。虽然发展得十分艰难，但它还是跟随标准石油公司的脚步，开设各地分公司，这样广告创作可以在当地进行，可以提高服务效率。

第二次世界大战使麦肯在欧洲的分公司受到严重威胁。伦敦分公司有人回忆，在战争激烈的时候，公司员工要冲上屋顶，清除燃烧弹，夜间还要轮流放哨。二战后情况还没有好转，海外业务让哈里森·麦肯很头痛。没有盈利，加上各国反对情绪和高压管制，让海外业务前景不容乐观。不过 1947 实施的"马歇尔计划"，西欧各国接受美国包括金融、技术、设备等各种形式的援助合计 131.5 亿美元。经济的逐渐恢复，让麦肯的海外业务起死回生，并成为海外广告市场的领跑者。

麦肯把握住了新媒体与海外市场的时代机遇，成为行业中坚。不过，它带给行业最大的惊喜，是哈珀的到来。

哈珀的到来

小马里恩·哈珀

1939 年，耶鲁大学心理学专业毕业生小马里恩·哈珀进入麦肯公司，当时他只有 23 岁。

一开始，哈珀在邮件收发室工作。心理学专业的学习经历，让哈珀对研究很痴迷。由于他对研究的诸多见解对公司内部有很大启发，3 年后哈珀成为文案测试部门主管，4 年后又成为研究部总监。

在研究部，他发起一个名为"因素分析"的关于广告如何吸引读者的研究项目，并在全公司推广，他说服创意部，因素分析不会危及他们的创造性。

在哈珀成为研究部门主任的两年后，也就是 1948 年，32 岁的哈珀被哈里森·麦肯指定为公司新总裁。哈里森·麦肯说："他在研究领域所取得的成就，使得他对重要事实的了解独特而有见地，而这正是一切策划的基础。我觉得像哈珀一样能把研究做得有声有色的人会成为公司鼓舞人心的总裁。"

成为总裁的哈珀聘请了多位博士加入麦肯传播研究所，不断研究改进广告方法论，使得麦肯公司在广告研究及业务应用等方面处于领先地位。

传播研究所拥有很多研究工具，这些工具仅从名字上就让客户觉得很放心。比如：相对销售倾向测试、感知实验室……这些金光闪闪的名字，让人觉得广告只要通过这些测试，就一定能获得成功。这些测试在当时是十分创新的，比如在分析观众对广告的反应时，引入眼球摄影新技术与广告效果研究结合起来，记录瞳孔对视觉刺激扩张程度。

这些引领时代的研究成果，吸引了大量客户的青睐。而哈珀并未满足，他在多年研究心得的基础上，创造性地提出了他对"未来广告公司"的构想。

哈珀对"未来广告公司"的构想是采用平行子公司的结构组建广告集团。这看似简单的构想，实在是了不起的创想。集团公司在其他行业中虽然已被普遍采用，但广告行业却受到天生的限制，一直无法集团化运作。

主要原因是当时广告公司的客户们不喜欢和竞争对手用同一家广告公司。这意味着广告公司在每一个行业只能有一家客户，他们只能为一个品牌的汽车、一个品牌的啤酒、一个品牌的计算机做广告。如果一家广告公司收购了另一家，那么两家公司此前可能拥有的同一领域的两家客户就必须放弃一家。

这个问题是致命的，而哈珀构想的"未来广告公司"则解决了这个问题。

哈珀发明广告集团

1934 年，麦肯公司的大客户标准石油公司，被一家叫马肖尔 & 普拉特的小型广告公司插了一脚。当时报刊行业利用自身的主流地位阻止新兴的广播媒体进入广告市场，导致企业无法顺利投放广播广告。这家小型广告公司建议标准石油公司暂不投放广播广告，转而赞助制作一个全新的广播节目，这样可以绕开广告投放的限制。这个全新的节目在全国各大广播上播出。由此，马肖尔 & 普拉特成为标准石油在美国主要的广播广告代理商，然后又成为电视广告代理商之一。

马肖尔 & 普拉特公司非常小，却夺走了标准石油的一大块广告资源。这让麦肯创始人哈里森·麦肯对此耿耿于怀；而一直琢磨如何创建"未来广告公司"的哈珀，却在马肖尔 & 普拉特公司那里看到一个绝好的机会。

1954 年，麦肯收购了马肖尔 & 普拉特公司。但哈珀并没有简单地把它合并到麦肯，而是让它成为一个单独的公司，让它拥有原来的名称和客户，甚至可以拥有与麦肯的客户之间存在竞争关系的客户。哈珀跳出传统管理方式的藩篱，以平行子公司的结构成立广告集团。让被收购公司独立于收购公司运作，两家公司的财务由集团公司来控制，而业务上则各自独立经营，无须放弃业务相冲突的客户。

这一大胆的做法震惊业界，受到业界的抨击。也有不认可的客户终止了合作，但最终吸引了更多的客户。

随着质疑的声音渐渐减少，哈珀的广告集团慢慢体现出自身的优势。集团公司拥有大量后台人员同时为旗下所有广告公司提供行政和财务，更重要的是将媒体采购独立出来，这种集团集中采购媒体的方式大大强化了自己的地位，这就能够实现广告行业的规模经济。在此之前，广告公司被视为创意经济，很难形成规模。不要小看规模优势，数量本身就是质量。

麦肯于 1954 年买下马肖尔 & 普拉特公司初尝成果之后，陆续又收购了一些其他小型广告公司。1960 年，哈珀将集团公司更名为 IPG，这原本是旗下一家公关公司的名字。1971 年，IPG 集团上市，有了资本市场的加持，收购更加大手笔。1990 年收购了著名的灵狮广告；2001 年更以 21 亿美元将行业元老 FCB 纳入旗下（FCB 的前身是拉斯克儿和霍普金斯奋斗过的洛德暨托马斯广告公司）。哈珀用极具创想的方式，一手缔造了自己的广告帝国。

哈珀缔造的 IPG 广告帝国，为全行业集团化发展指明了方向。麦肯这一模式后来也被其他广告集团广泛采用。到 20 世纪 90 年代，全行业进入了集团化时代，形成 WPP、宏盟、IPG、阳狮、电通、哈瓦斯六大广告集团。

这些广告集团也像 IPG 一样疯狂并购知名广告公司。比如 WPP 收购了智威汤逊、奥美、杨罗必凯；宏盟则拥有恒美、天联；阳狮则并购李奥贝纳、盛世长城。

这些广告集团正是用哈珀的平行子公司模式组建的。

哈珀的另一个伟大想法

在 IPG 集团取得成功后，哈珀的视野早就超出了广告集团。他又想到一个新概念，这个概念不仅改变了麦肯，也改变了整个行业。

在 20 世纪 50 年代，由于新媒体——电视的强势崛起，大家一致认为进入了"电视为王"的时代。但是哈珀并没有将注意力局限在电视上，而是十分重视新老媒体的整合运作，乃至营销传播的整合运作。

所以，哈珀另一个伟大的想法，就是"整合营销传播"。麦肯公司认为：哈珀是实事上第一个提出此思想的人，比舒尔茨教授整整早了 30 年，但是哈珀并没有得到"整合营销传播之父"的荣耀。

哈珀认为整合营销传播的目标是创作过程的核心，它是一种站在战略高度促进创意思维的手段。在 1952 年，哈珀就强调，应当扩展广告业务范围，建立起一个能够适应营销活动从产品概念、产品设计一直到把产品送到消费者手中的各环节的需求的组织体系。但在传统广告公司结构中，这些重要形式常被广告的风头盖过。它们被认为与广告公司现有业务没有多大关系。

哈珀觉得需要重建广告业务方式本身，广告公司也应该向生产厂家一样，研究和开发自己的产品。1956 年哈珀说："我们为客户所做的并不仅仅是充当版面购买的经纪人或只为那些版面做设计与文案。

我们为客户做得更多，我们帮助他们特色营销经理，帮助他们设计新产品，并安排生产。现在我们经常参与他们的销售会议，评估营销方式，参与他们的高层决策。我们还要在许多与广告不相关的领域帮助他们。"

对于提供营销附加服务，麦肯也早有这个传统。早在 1933 年麦肯就设立了促销部，专门为客户制作各种促销品，包括目录、小册子、挂历等，还提供橱窗设计、柜台、卖场、陈列等服务，并负责直邮广告活动的执行。在哈珀的时代，麦肯除了并购其他广告公司之外，还成立一批专职营销附加服务公司，包括市场研究公司、公关公司、品牌咨询公司、销售渠道拓展公司等。他要在原有的广告公司之外为客户提供全面的营销服务。

1960 年，哈珀公开宣讲要"整体性"解决营销问题。他认为做广告并不是他们最重要的工作，麦肯要处理"整个营销"的问题。

麦肯为什么要从做广告变成处理"整个营销"呢？乔治·帕克解释道："广告公司一定要与客户最高层做经常性联络。然而如果你只带着广告设计稿来，你就无法接触那个阶层。要接触客户最高层，你必须提出营销咨询意见。"

哈珀是第一个将广告描述为营销传播的人，等到 30 年后"整合营销传播"才被广泛使用，到 20 世纪 90 年代，哈珀首创的理念仍然是广告行业讨论的重点。他几乎以一人之力完成了行业管理模式与业务模式的升级。"广告集团 + 整合营销传播"也成为下一个阶段行业大发展的两大引擎。

哈珀拿下可口可乐全球广告业务

哈珀的努力没有白费，麦肯在 1955 年成功接下可口可乐的全球广告业务。

此时的可口可乐正面临百事可乐日益强劲的挑战。可口可乐营业收入下降，新任总裁比尔·鲁滨逊终止与达美高长达 50 年的合作，因为他意识到有必要进一步统筹其海外和美国本土广告。而此时麦肯由于哈珀的前瞻性布局，已经建立起跨国业务体系，差不多是当时唯一的选择。

哈珀带领团队克服重重困难，全力以赴，汇报提案长达 6 小时，充分展示麦肯全球服务能力以及"整合营销传播"思维与市场调研强度结合起来所能达到效果的大好机会。最终赢得了可口可乐的全球广告业务。麦肯随即组建的可口可乐工作组，一开始就有 121 名职员，涵盖了麦肯公司各个部门的职能。此外，还有 20 人的推销小组被派往 18 个重要的食品分销中心城市。像可口可乐这种跨国广告业务，既需要协调进行，又要适应不同的市场条件。麦肯的原则是"分散行动，集中策划"，由一批分公司在世界各地分别运作，而总部则负责协调整个组织在全球范围的活动。

可口可乐在品牌史上占有重要地位，多年以来，全球各大品牌排行榜，只有可口可乐一家公司从来没有跌出过前 10 名。因此，我们简单回顾一下它的历史。

1885 年，美国颁布禁酒令，禁止销售各类酒水，关闭各地酒馆，这给酒业带来灭顶之灾。一个叫彭伯顿的药剂师，手下拥有一家古柯酒厂。为了减少禁酒令带来的损失，他改进当时古柯酒的配方，仍以古柯为原料加入可可果，经过不断实验，终于在 1886 年研制出一种不含酒精的全新饮料。

这种冒着气泡的饮料被鲁滨逊取名为"Coca-Cola"。这个名字包含饮料的两种主要成分，还十分押韵，得到了彭伯顿和其他股东的认可。（Coca-Cola 最早的中文译名是"蝌蚪啃蜡"，导致当时进入中国的产品无人问津。后来由蒋彝重新译为"可口可乐"，这个新译名在音译的基础上还具有实际含义，成为品牌中文译名的典范。）

鲁滨逊早些年通过推销印刷机认识了彭伯顿，入伙了彭伯顿的公司。鲁滨逊不但为产品取名，还手写了沿用至今的斯宾赛体可口可乐标志，同时他策划从零起步的广告宣传。1886 年 3 月 29 日，鲁滨逊发布了第一个报纸广告，上写着"可口可乐，美味、清爽"。可口可乐从此开始了品牌推广的第一步。

可口可乐成为文化象征

可口可乐早期的冷饮柜

最早的可口可乐是在药房及店铺的冷饮柜中以 5 美分的价格出售，由售卖者将可口可乐糖浆加冰水现场制作。

到 1899 年，有两位律师向当时的负责人阿萨·坎德勒提出建议采用瓶装生产。这样在没有冷饮柜的乡村地区，瓶装可口可乐的销售前景会跟城市的冷饮铺现做的一样好。

但阿萨·坎德勒怕力不从心，因为"瓶装项目有太多细节需要处理"。为了打消阿萨·坎德勒的顾虑，两位律师做出承诺：保证瓶装可乐不会争抢冷饮柜的生意，而且可以扩大糖浆的销量，还不用花公司一分钱，广告都由瓶装厂自己投放。最终双方签订了合同，公司以每加仑 1 美元的价格卖给他们糖浆，允许对方使用可口可乐品牌。这个合同没有约定有效期，也没有约定价格是否可以浮动。这为后面双方长期纠缠埋下隐患，但也正是各地瓶装厂的加盟，真正让可口可乐全国畅销。

随着瓶装可口可乐的畅销，各地纷纷出现仿冒品。仿冒品采用相同的笔直的瓶子，采用相同的钻石形标签，装着同样焦糖色的饮品。普通不认字的消费者常常无法分辨谁是可口可乐。

可口可乐公司的赫希认为，应该抛弃现有大家都在用的瓶子，另外生产一种特征鲜明的新瓶子。他劝说瓶装厂不要将眼光局限在换用新瓶的短期花费上，要生产能被消费者一眼看出的瓶子，"在黑暗中仅凭触觉即能辨认，甚至摔碎在地上也能一眼识别"，这瓶子根本不用贴纸质商标，商标要直接印在瓶子上。

1915 年，设计师迪安以当时流行的一种裙子为灵感，设计出弧形瓶。这个瓶子手感很好，拿取非常方便，而且十分独特，人们一眼就能看出这是可口可乐。弧形瓶很快被申请了外观专利，其他厂家不能仿制这种瓶子，这让仿冒者们纷纷陷入绝境。此后 40 多年，可口可乐坚持以弧形瓶作为唯一的产品包装。最终，弧形瓶就像手写体的商标一样，成了可口可乐的品牌"视觉锤"。

可口可乐弧形瓶的演变

弧形瓶让可口可乐大获成功，使得公司越来越重视品牌形象，在1931 年，公司邀请艺术家海顿·珊布为可口可乐创造了一个全新的圣诞老人形象。他一改之前严肃的精灵形象，成为一个永远乐呵呵、胖乎乎的圣诞老人。他红色的外衣、白白的胡子，与可口可乐的红白形象一脉相承。

可口可乐设计新的圣诞老人形象

圣诞老人的推广，大大增加了冬季的销量。此后，可口可乐的广告不断强化红白衣服打扮的圣诞老人形象，圣诞老人派发可口可乐成为小孩子们的最爱。随着强大的营销攻势，"可口可乐版"圣诞老人渐渐定格在了人们的脑海中，并流传至今。

1942 年，美国参加第二次世界大战。董事长伍德拉夫希望将可口可乐列入军需品的行列，这样可以随着军队的步伐征战世界，但军方一开始并不同意。伍德拉夫召开多次新闻发布会。将可口可乐提高到"战时休息""鼓舞士气"至关重要的地位，宣讲可口可乐对调整士兵状态的意义。伍德拉夫还宣布"不管我国军队在什么地方，也不管公司的代价有多大，我们一定保证每个军人只花 5 分钱就能买到一瓶可口可乐"。一时民意沸腾，最终军方同意让可口可乐走向前线，并帮助可口可乐在当地建厂。

道格拉斯·霍尔特在《品牌如何成为偶像》中说，这是有史以来最成功的公关。

可口可乐不惜成本，满世界送可乐，无论是欧洲小镇还是亚洲孤岛，只要 5 美分，驻扎美军都能买到。可口可乐不仅缓解着战争之痛，更成为士兵们对家乡思念之情的寄托。在前线，可口可乐被送到每一位士兵手中；在后方，它又印刷大量广告来庆祝每一场战斗的胜利。当战争结束时，人们对可口可乐怀有宗教般的虔诚，喝出一种民族自豪感，成为美国文化的象征。

"我想给世界来瓶可口可乐"

麦肯与可口可乐合作期间最经典的作品，当数 1971 年推出的"山顶"广告。

这支广告教全世界唱一首广告歌，成为前所未有的、最为流行的广告歌曲。也是电视广告史上的巅峰杰作之一。广告内容如下。

在意大利的某座小山顶，两名短发的青春少女在歌唱："我想给世界一个家，用爱来灌溉它……"随着歌声悠扬，镜头拉远，越来越多不同国家、不同种族的年轻人加入歌唱队伍。歌声越来越洪亮，汇成美妙的合唱："我想让世界学会歌唱，人们和谐欢畅……"最后成百上千不同种族的年轻人齐聚山顶，每个人都手捧一瓶可口可乐，仿佛擎着一面旗帜，高声歌唱："我想给世界来瓶可口可乐，让它永远陪伴我的快乐！"

"我想给世界来瓶可口可乐"

这个广告先在欧洲播出，不温不火。但在美国一经播出，迅速引起巨大轰动，没有人对可口可乐誓志拯救世界感到荒谬，人们纷纷点播这首广告歌曲，寄来超过 10 万封信函索取乐谱，可口可乐公司将歌曲唱片赠送给索取者们。这首广告歌去掉了中间的商品信息后，被重新录制成一首单曲，在各大电台播出，最终登上一些音乐排行榜冠军宝座。《纽约周刊》写道："这是肯定会红火的潜意识广告。"虽然歌词中没有提及可口可乐，但是每个人只要听到这首歌，都自然会想起可口可乐。

这个创意据说源自麦肯创意总监比尔·巴克尔。他乘坐的航班，因为重雾而在香农机场迫降。原本要乘坐飞机的旅客们，不得不挤在条件简陋的旅馆房间里熬过一晚。人群中到处弥漫着愤怒与不满。第二天早晨，在等待航班放行时，令人意外的一幕出现了，前天晚上情绪最激动的那些旅客，正一起边吃着零食喝着可口可乐，边"吐槽"

开着玩笑，怒火似乎已被手中的可口可乐浇灭，平静放松下来了。比尔·巴克尔回忆道："那一刻，可口可乐的意义早已超越了一瓶饮料。它是把人们联结在一起的纽带，是提供陪伴的一剂良方。"之后就创作出"我想给世界来瓶可口可乐"的广告歌曲。

不过，提出"文化品牌战略"的道格拉斯·霍尔特认为"山顶"广告获得巨大成功的关键，并不是广告公司所说的普通人的陪伴良方，而是可口可乐缓解了当时激烈的种族文化冲突。

在二战后很长的时间内，可口可乐一直拥有美国文化象征的这份殊荣。然而到了20世纪60年代，美国爆发民权运动，美国黑人民众为获得平等权利而进行斗争达到高峰，引起强烈的文化冲突。民权运动的呐喊，撕碎了原有的民族团结，可口可乐原有的品牌力量随之消减。

在这个背景下，"山顶"广告吸收了嬉皮士反文化的形象与和平运动的内容，认识到当时充满冲突的社会现实，呼唤对人性的理解和容忍。广告中温暖人心的歌词和朗朗上口的旋律，以及一群不同肤色、不同国籍的年轻人共唱"我想给世界来瓶可口可乐"，这一"世界大合唱"告诉人们：想平息看上去十分激烈的社会冲突，最简单的方法莫过于拿起一瓶可口可乐。

麦肯公司的李·塔利认同道格拉斯·霍尔特的观点，他说："百事可乐更擅长定位，只瞄准一个市场——二战结束后的婴儿潮一代年轻人。而我们努力使可口可乐成为适合所有人的东西，这样做反而使我们迷失了方向，并且不记得自己本该有的形象。"百事可乐保持与充满活力的年轻人市场同步前进的策略让可口可乐一度十分被动。麦肯公司连续三年进行深入调查，最终确认可口可乐的主要作用是作为社会催化剂，联结人们情感的纽带。

可口可乐作为联结情感的纽带，通过象征性地化解美国社会中尖锐的文化冲突，增加了人们的凝聚力，也强化了人们与可口可乐之间的情感纽带。难怪有人说："无论肤色是白是黑，也无论是总统还是平民，我们喝的都是相同的可口可乐。"

可口可乐这种"平等"性，捍卫了其自身作为美国文化象征的殊荣，这一超然地位，让可口可乐在大多数的时间里，始终压百事可乐一头。

可口可乐引发的危机

时间来到 1985 年，可口可乐发生了史上最大危机。

此次危机让人们发现：尽管可口可乐是一个超级品牌，但却没有一个成体系的品牌理论来指导实践。

从这次危机后，品牌理论成为全行业关注的焦点，品牌理论的大厦被迅速构建起来。

15
可乐大战引发的品牌思想争鸣

1985 年发生了一件大事，它让营销者们改变了他们之前对于品牌的认识。

在这一年里，可口可乐推出了一款叫作"新可乐"的产品。

可口可乐事先经过 19 万人的测试，测试结果显示，绝大多数消费者认为新可乐的味道更好。因此，可口可乐公司满怀信心地大力推广"新可乐"，并从超市货架上撤下了之前的经典可口可乐。

结果却适得其反，"新可乐"引起了消费者的强烈反对，可口可乐公司每天收到差不多 1500 个电话和大量信件，这些来电来信无一例外地谴责可口可乐的行为，人们纷纷拒绝购买，走上街道进行抗议……

这是营销界从未有过的情况。在连续几个月的销量下跌后，可口可乐及时醒悟，撤下新品，又让老产品重新上架。

"老可乐又回来了"的报道

新可乐事件是品牌分水岭

"新可乐"事件是一个重大的分水岭，它让人们体会到了品牌的真正影响力，品牌与产品之间的差异从此开始变得清晰起来。

不仅如此，"新可乐"事件让营销者们都在思考一个从未思考过的问题：品牌到底是属于企业的，还是属于顾客的？

1985 年之前，人们普遍认为品牌属于企业，企业可以任意处置；而"新可乐"事件说明：品牌可能不属于企业，而是属于顾客。顾客对自己信赖的品牌拥有强烈的情感，所以当可口可乐用"新可乐"代替经典可口可乐时，便是拿走了人们所钟爱的事物，消费者觉得可口可乐背叛了自己。

那么，可口可乐当时为什么要这么做呢？

因为它要应对越来越强的竞争对手——百事可乐。

早期可口可乐如此成功，自然吸引了各类可乐饮料厂家遍地开花，但最终对可口可乐造成威胁的只有百事可乐。

20 世纪 60 年代，BBDO 广告公司的阿尔·霍夫曼推出"百事一代"的口号，广告中不再吹捧产品的好处，而着力于抬高顾客的地位，这是生活方式广告的开端。这就把可口可乐定位成上一辈人喝的可乐，而年轻人自然是选自己这一代的百事可乐。

百事可乐后来发起"百事挑战"促销活动，在公共场合请路人蒙眼测试，品尝百事可乐与可口可乐，并将整个过程拍摄成广告。测试结果证明人们更喜欢百事可乐的口味。BBDO担心这会让"百事一代"的品牌形象

"百事挑战"广告活动

变得模糊，但可口可乐对此反应激烈，用新广告对品尝测试进行嘲讽，比如两只猴子在商场比较两种可乐，这反而给百事可乐带来更多的关注。最终"百事挑战"投放了 5 年，也正式开启了"可乐大战"。

20 世纪 80 年代，"百事一代"的吸引力有些下滑。之前婴儿潮一代年轻人渐渐老去，但他们的孩子又成为新一代的年轻人。

1984 年，BBDO 制定出"百事，新一代的选择"的传播主题。根据《洞人心弦》的记载，一开始，百事总裁罗杰·恩里克并不喜欢，认为它不够抓人眼球。在接下来的几个星期里，BBDO 的菲尔·杜森伯里不断和百事开会，反复重复着这句"新一代的选择"，直到百事的每一个人都习惯了它。最重要的是，罗杰·恩里克也习惯了。

随后，百事以 500 万美元的代价签下了刚刚成名的迈克尔·杰克逊的电视广告首秀。但迈克尔·杰克逊在见到广告公司的人员后，却提出不希望人们在广告中看到他的脸。菲尔·杜森伯里十分为难，得知迈克尔·杰克逊是想保留他的神秘感，经过沟通，最终同意出现少量的露脸镜头。

按计划 BBDO 会协助编写一首广告歌，但迈克尔·杰克逊却提出拿出自己的主打歌《比莉·琼》来直接改编，这让菲尔·杜森伯里惊喜万分，感觉自己一下赚回了 500 万美元。改编后的歌词片段如下：

你是全新的一代
整天舞蹈
在奔跑中得到魔力
你是百事一代

迈克尔·杰克逊出演百事可乐广告

广告一开始是一个 10 岁左右的孩子，在破败的街道上大摇大摆，他一边喝着百事可乐，一边模仿迈克尔·杰克逊的太空舞步，然后一头撞上了迈克尔·杰克逊。小孩惊喜万分，与其分享百事可乐，然后街道上的人们一同欢乐起舞。最后打出口号：百事，新一代的选择。

在整个广告中，迈克尔·杰克逊仅露脸 1 秒半，这种惊鸿一瞥，却更让人们津津乐道。在拍摄完最后一组镜头时，特效烟火飞错了方向，沾上了迈克尔·杰克逊的头发，他被紧急送往医院。迈克尔·杰克逊拍百事可乐广告受伤的事件被媒体铺天盖地地报道，一个月后，迈克尔·杰克逊亮相广告首映式，受到全民关注。菲尔·杜森伯里认为这些报道仅对百事可乐的曝光价值就超过 1000 万美元，更别说广告本身带来的巨大影响力。

在这之后，百事越发喜爱用明星代言来向青年人靠拢，更多的美国巨星和百事签约，先后包括了麦当娜、辛迪·克劳馥等人。百事进入中国市场后，2004 年一口气签下 9 位华人巨星，创下了百事广告史上同一广告代言明星人数之最，"百事九星"被追星的年轻人津津乐道。在中国，只有年轻人才是可口可乐的主要消费群体，中老年人更多喜欢茶饮，所以聚焦年轻人的百事可乐，终于在中国市场上赶超了可口可乐。

"百事，新一代的选择"的新广告大获成功，加上之前"百事挑战"活动的多年铺垫，让百事可乐的声望在 1984 年达到顶峰。

这直接导致可口可乐在 1985 年推出"新可乐"。

新可乐事件引发的品牌反思

1985 年"新可乐"事件爆发后，业界发现原来自己对品牌的认知还非常浅薄，急需一个系统的品牌理论来解释这件事。人们找了一大圈，却发现并没有一个现在的理论能够解释这件事，"新可乐"事件促使品牌理论研究进入快车道。

品牌学的基石可以追溯到 20 世纪 50 年代，虽然一开始这基石并不完善。

20 世纪 50 年代，万宝路牛仔广告轰动一时。奥格威大为震惊，认为万宝路牛仔改变了广告业的玩法。一次奥格威听到一个叫列维的教授宣讲"品牌形象"，他认为这解释了万宝路成功的原因。奥格威写了两本书——《一个广告人的自白》和《奥格威谈广告》来大力推广这个理论，认为产品需要坐上"品牌形象"的头等舱，使品牌成为国民生活的一部分。这让当时只关注短期效果的广告威力上升到一个长期战略的层级，奥格威本人被尊为"广告教皇"。

20世纪70年代，里斯开了一个小广告公司，他和新招进来的特劳特，之前都曾在通用电气工作过，或许是受到通用电气传奇CEO杰克·韦尔奇"数一数二"战略的启发，他们共同提出了"定位"理论。

这个概念迅速成为大热点。热到大多数营销词汇后都要跟个"定位"，比如：市场定位、客户定位、产品定位、价格定位、广告定位、视觉定位……严格来说，这些定位，都是不严谨的说法。在定位的创始人看来，定位只有一种——品牌定位。

拿所谓的"客户定位"来说，锁定目标客户群是不是更准确？拿"产品定位"来说，两者原作者一直在强调，定位不是针对产品的，而是针对品牌的，大多数情况下，一个品牌的生命周期会远远长过一个产品的生命周期。产品每几年就会升级换代，而品牌才需要相对长时间地保持它的定位。

尽管两位作者在20多本定位书中，一直没有给出定位的具体模型和细则。但定位的概念仍然非常成功，定位之后的大多数营销理论、品牌理论、战略理论，统统将定位这个模块纳入各自的理论模型中，其中以战略领域的定位学派最为知名。当然引入定位概念的各位大师，也都认为只有自己的定位才是正宗的。

直到今天，人们对定位的争议仍然很大，赞扬的人认为定位是一切，反对的人认为定位什么也不是。

要我说，定位很重要。但它也不是营销的全部。

如果把各种营销相关理论比喻成一栋大楼，那么，定位理论好比是营销理论大厦的电梯，它能通达每个楼层，每个层面的理论都不能缺少定位这部电梯。

1993 年，唐·舒尔茨提出"整合营销传播"（IMC），认为"以顾客为中心"的时代来了。顾客是与品牌进行关联，而不是与各种营销传播活动进行关联，所以营销需要整合。IMC 的核心观点是：从顾客角度来看，传播就是营销，营销就是传播。

这是什么意思呢？

意思就是，营销应该分成"推"和"销"两个角度来看。推，也就是让消费者能"想得起"；销，也就是让消费能"买得到"。

如果把渠道方纳入进来，就是：推，是让消费者向我们买；销，是让销售者替我们卖。

推销合一，方能引爆市场；推销脱节，就要多花力气。而主流 4P 理论——产品、价格、渠道、促销，几乎全都是说的"销"。前面在说 4P 的时候说过这一点，这里再重复一下：

> 产品，就是卖什么；
>
> 价格，就是卖多少；
>
> 渠道，就是在哪卖；
>
> 促销，注意"促销"说的不是怎么传播、推广，而是——"怎么卖"。

从"销"的角度这样理解是没有问题的，但要想达到"推销合一"的引爆效果，有必要将"推"提升到与"销"同样的高度。从"推"的角度来看营销，就会发现——4P 皆传播。产品是传播，价格是传播，渠道是传播，促销更是传播。这才是 IMC 整合营销传播出现的大意义。

所以 IMC 强调 4C 与 4P 的融合，强调顾客是与品牌进行关联，强调与顾客建立互动关系。但学术界大都低估了 IMC 的分量，无论是科特勒还是凯勒，都把 IMC 仅仅放到 4P 中的促销这个"P"下面。

不过，"整合营销传播"引起广告界的强烈呼应。这个理论让广告公司名正言顺地开展整合营销服务，纷纷成立各种整合营销集团，以

IMC 的眼光协助品牌方为 4 个 "P" 都建立传播性。

从品牌形象论到整合营销传播，它们是指导品牌建论的观点和方法，却不是系统性的品牌管理规范。一直到 1991 年，戴维·阿克（David Aaker）出版《管理品牌资产》，才明确回答了这个问题：品牌管理就是管理品牌资产。

阿克：品牌学的开创者

戴维·阿克

常有人说，评价品牌有几个重要指标，如知名度、美誉度、忠诚度等。这几个 "度" 在行业中流传甚广，你可能也听过这个说法。

但是史玉柱却说："这个度那个度，一大堆衡量指标，都是骗客户多掏广告费的。"

他们谁说得对呢？

首先，史玉柱的观点，对他来说是对的。因为他是营销天才，他不看这些 "度"，却并不妨碍他为脑白金投放大量的广告。

其次，那些 "度" 都是不专业的。专业的品牌评价，并不是这几个 "度"，而是由戴维·阿克提出的一套完整的品牌资产五星模型。

阿克以一己之力开创了一门新学科——品牌学，也因此成为品牌界的领军人物，被誉为品牌资产鼻祖。阿克在完成《管理品牌资产》之后，陆续又写作了《创建强势品牌》《品牌领导》，这三本书被称为 "品牌三部曲"。这三本大部头的核心，便是提出品牌资产的概念，并提出品牌资产五星模型。

这个模型总结了 5 种品牌资产：品牌专有权、品牌知名度、品牌联想、品质感知度、品牌忠诚度。"品牌三部曲" 原文写得非常复杂，我反复研读后，简单总结内容如下。

品牌专有权：是指注册商标、版权、专利、渠道等品牌方独占的专有权。这是品牌资产的基础，如果连最基本的商标等都没有握在自己手中，还何谈品牌资产的管理和增值呢？

品牌知名度：仅有注册商标还不够，如果没有知名度，商标就只是个图形，而不是品牌。阿克把知名度分成了三个级别，即能认出品牌、能回想起品牌、首先想到品牌。级别越高，品牌知名度越高。

品牌联想：光有知名度仍然不够，一个产品之所以能成为品牌，关键就在于品牌联想。品牌联想代表消费者对产品利益、价格、使用场合、使用人物、形象和个性的综合联想。马蒂·纽迈耶说，只有当足够多的消费者对你拥有共同的品牌联想，才能称之为品牌。阿克认为，定位理论其实也属于品牌联想的范畴，因为定位就是用来引导顾客对品牌产生差异化的联想。

品质感知度：有了差异化的定位之后，如果你的品质不能被顾客感知到，那么他们可能会认为你是为了表面独特而放弃内在质量的不良商人。所以，产品的品质很重要，但品质是否能被客户感知到更重要。客户能感知到的品质有多少，就是品质感知度。有一些项目打了广告，没效果，做了活动，没人来，然后急急忙忙请新的策划方案。其实在做营销动作之前，是否做到了"体验第一"，产品的品质是否能被顾客直接感知，在很大程度上决定了营销动作的成败。

品牌忠诚度：这是品牌的最高阶段，品牌忠诚度越高，顾客与品牌的关系越近，受其他公司竞争行为的影响就越弱。1985年"新可乐"的失败，正是因这可口可乐忽视了顾客的品牌忠诚度。

阿克品牌资产这5个维度一出，基本就建立了有史以来最完善的品牌资产体系。任何品牌，我们都可以将其放进这5个维度来分析，看它正处在品牌建设的哪个阶段，看它哪些维度还需要强化，哪些维度走偏了……从此，关于品牌资产的管理方略便清晰起来了。

戴维·阿克的女儿——珍妮弗·阿克，在1997年以人类性格特

征来观察 60 个品牌的个性特征，依靠现代统计技术，发展了一个系统
的品牌个性维度量表（Brand Dimensions Scales，BDS），并得出结论：
品牌个性具有纯真、刺激、称职、教养、强壮 5 个维度。各个维度下
共有 15 个层面、42 个人格特性。珍妮弗的品牌个性维度量表大大强
化了品牌联想这一维度的理论，阿克的品牌资产五星模型成为品牌学
主流理论。

　　不久之后，阿克又教出了一位了不起的学生——凯文·凯勒。

凯勒：品牌学集大成者

凯文·凯勒认为阿克的品牌资产五星
模型是从企业角度来说的，1993 年他从
顾客的角度提出一个新概念——基于顾客
的品牌资产（CBBE）。意思是当某个品牌
被消费者识别出来后，消费者会更偏爱该
品牌时，该品牌就拥有了基于顾客的品牌
资产。

凯文·凯勒

　　　　　　　　　　　　如何创造基于顾客的品牌资产呢？
凯勒把自己当成一个顾客，认为顾客关注品牌有 4 个阶段。

　　（1）你是谁？
　　（2）你是干什么的？
　　（3）你怎么样？
　　（4）你和我关系如何？

　　顾客关注的这 4 个阶段，也正是品牌创建四大步骤的出发点。这
四大步骤也分别回答了上面顾客关注品牌的 4 个问题。

（1）确保顾客识别品牌，并与品类绑定（解决"你是谁"的问题）；

（2）建立品牌联想，在顾客心中稳固品牌含义（回答"你是干什么的"的问题）；

（3）根据与品牌相关的判断与感受，引出顾客对品牌的恰当响应（解决"你怎么样"的问题）；

（4）将顾客的品牌响应转化成顾客忠诚（建立双方长久关系）。

凯勒用一个品牌金字塔的模型，来具体表示品牌创建的四大阶段：品牌识别、品牌含义、品牌响应、品牌关系。金字塔一共 4 级 6 个模块，下面对 6 个模块进行简述。

品牌金字塔模型

品牌显著度：消费者想到品牌的轻易程度。许多品牌在一些需要使用的情况下被消费者遗忘，对于这些品牌，提高销售的最佳路径也许不是改善消费者态度，而是增加品牌显著度。品牌不但要争取顾客"第一提及"，还要在适当的时机出现在适当的场合。提升显著度的方法，凯勒认为是创建品牌识别。

品牌功效：是指品牌对顾客功能性需求的满足程度。品牌功效不仅包括产品本身的成分和特点，还包含品牌差异化的维度。

品牌形象：是指品牌对顾客心理和社会需求的满足程度。品牌形象包括用户形象、购买及使用情境、品牌个性、品牌历史。

品牌判断：是指顾客对品牌的质量、信誉等因素的评估与判断。

品牌感觉：是指顾客对与品牌有关的情绪响应。

品牌共鸣：这是模型的最后一步，聚焦于顾客与品牌建立的终极关系和认可水平。反映他们感觉双方"同步"的程序。品牌共鸣包括行为忠诚、态度依恋、社群归属感、主动融入 4 个方面。

凯勒认为，要创建有效的品牌资产就必须到达品牌金字塔的顶端，只有把恰当的品牌建设模块放在金字塔模型的合适位置才能实现。拥有高度共鸣性是一个品牌的最高追求。在品牌金字塔模型中，左侧是理性路线，右侧是感性路线，绝大多数品牌的创建是通过这两条路径"双管齐下"的。这样的结果是，强势品牌能同时作用于我们的头脑和心灵。

后来，CBBE 品牌共鸣金字塔模型成为主流，除此之外，凯勒还给出了一个定位模型与品牌价值链，形成一套完整的品牌规划路线图。凯勒撰写的《战略品牌管理》也被称为"品牌圣经"。

对比阿克的五星模型与凯勒的金字塔模型，发现阿克站在企业角度，谈品牌知名度、品质感知度、品牌忠诚度等概念；而凯勒站在顾客角度，谈顾客是从显著度到功效形象方面认知品牌的，再产生自己的判断和感受，最终与品牌产生共鸣。

阿克的概念无疑更加简单易懂，而凯勒的概念则更细化，更全面，也更吻合以顾客为中心的新潮流。

不过，可以发现这两者其实可以互通。金字塔模型中的品牌识别（品牌显著度）其实对应着阿克的品牌专有权和品牌知名度，品牌含义（品牌功效与品牌形象）对应着阿克的品牌联想，品牌响应（品牌判断与品牌感觉）对应着阿克的品质感知度，最后的品牌关系（品牌共鸣）对应着阿克的品牌忠诚度。

品牌学经过阿克和凯勒，终于建立起一个体系完备的理论大厦，并与战略和营销贯通，成为每个品牌营销人士必须攀越的高峰。

品牌新观念与文化战略

品牌学兴起后，涌现出许许多多的新概念、新思想。其中有两位的观点异常精彩：道格拉斯·霍尔特（Douglas B. Holt）和马蒂·纽迈耶（Marty Neumeier）。

我们先说马蒂·纽迈耶。

来自硅谷流体广告公司的设计师马蒂·纽迈耶，在2003年写了一本名叫《品牌鸿沟》的小书，实战派的马蒂·纽迈耶并没有像学术派那样提出宏大的构架，但他给了品牌一个新定义。

我个人觉得，他这个品牌定义是最容易理解的，也是最好的。他说：

> 品牌不仅仅是一个标识，也不仅仅是一套识别系统，品牌也不是产品，营销人中经常谈论品牌管理，实际上谈的是管理产品、分销等，实际上管理品牌意味着管理那些无形的东西。
>
> 究竟什么是品牌呢？
>
> 品牌是一个人对产品或企业的内心印象，每个人都会创造出自己版本的品牌含义，当有足够多的人对企业或产品产生了同样的内心印象后，就可以说这个企业拥有了品牌。

从这个定义可以看出，马蒂·纽迈耶认为品牌的核心在于人们共同的"内心印象"，其实这就是五星模型中所说的"品牌联想"。只有当足够多的消费者对你拥有共同的品牌联想，才能称之为品牌。阿克也认为品牌联想是品牌建设的关键一步，它是从知名度到忠诚度的承上启下的转折点。

马蒂·纽迈耶的这个品牌定义让我眼前一亮，但毕竟没有达到品牌的最高点，即凯勒的品牌共鸣和阿克的品牌忠诚度。不过不必遗憾，马蒂·纽迈耶后来在描述社交媒体对传统品牌理论的冲击时，他的新观点会再次令我们惊艳。

移动互联网和社交媒体平台的兴起，使几乎所有的行业理论都被贴上了"传统""过时"等标签，品牌学也不例外。马蒂·纽迈耶认为：社交媒体兴盛之前的企业只需找到市场空缺，用自己的产品来填补，然后定下价格，通过广告和分销狂轰滥炸即可，顾客的选择就是买或者不买；社交媒体兴起的今天，顾客不再是只购买某个品牌的产品，而是加入进来成为这个品牌的一部分。

在以前，顾客被当成被圈养的牛羊，企业通过客户细分，锁定目标客户，占领市场份额。仿佛他们唯一的任务就是在草原上吃草，直到能够被分类对待转化为现金为止。现在情况则完全不同。首先，衡量市场的基本单位不是客户细分，而是用户所形成的社群。同时，仅仅知道目标客户是谁远远不够，品牌需要帮助他们成为他们想要成为的人。

这个概念，类似曾鸣提出的"赋能"。

品牌构建的核心问题已经变成了"如何为那些推动你成功的客户赋能"。马蒂·纽迈耶写了《品牌翻转》来解释"品牌赋能"的新玩法。我读了之后，感觉"品牌赋能"点出了近年来大热的社会化营销、互动营销、参与感、流量转化等时髦术语的精髓，也点出了"以用户为中心"的精髓。同时，品牌赋能的结果，也正是凯勒所追求的"品牌共鸣"和阿克所追求的"品牌忠诚度"。

回到阿克和凯勒两位大师的模型，我渐渐看出了一些规律，分 4 个阶段来说：

两个模型的第一阶段，其实已经包含了当时火热的 CIS 品牌识别系统。这一派的人认为品牌就是给企业导入一套 MI、BI、VI 系统，也就是两位大师所说的品牌专有权、品牌知名度和品牌显著度。

第二阶段，包括了定位理论。阿克认为定位就是用来引导顾客对品牌产生差异化的联想，凯勒也为这一步提出了自己的定位模型。

第三阶段，涵盖了用户体验的思维。用户有良好的体验，才能有阿克的品质感知度，才能有凯勒的良好的响应互动。

第四阶段，凯勒的"品牌共鸣"和阿克的"品牌忠诚度"，核心都指向马蒂·纽迈耶的为用户"赋能"。

除"赋能"外，我们看看道格拉斯·霍尔特怎么说。

道格拉斯·霍尔特是牛津大学营销学教授，他从另一个宏大的角度来看待品牌模型的第四阶段。他认为，所有品牌营销的最高形态，都是一种文化战略。

道格拉斯·霍尔特写了一本《文化战略》。书中提到，世面上大多数营销理念，都包含太多功利主义，结果让品牌在"创新—被超越—再创新—再被超越"的循环中苦苦挣扎，这些品牌忽略了社会和历史变迁产生的意识形态机遇。

比如定位理论，作者认为它忽视了社会和文化变迁。世界不是静止不动的，人的思想也会像水一样流动，如果一味强调产品特性与认知关联，就会像刻舟求剑一样，活在自己的世界中，追求到的只是貌似一切都在掌握中的假象。

又比如蓝海战略，作者认为真正的蓝海，不可能来自新功能，而是来自新的意识形态。

那么什么才是可取的呢？人们的意识形态。相对于认知，意识形态更加稳定、更为持续。要做好营销，正确的动作是把握住社会断裂所引发的文化变革。品牌抓住了这个机遇，从原材料，也就是亚文化、媒体神话和品牌资产中找到自己的文化密码，创建自己的神话，这便是文化创新。将这种尚处于生发期的文化意识形态注入产品，让产品具有了意识形态所反映的调性，通过这种调性去刺激消费者，让消费者为这种意识形态产生共鸣，并激动到愿意通过花钱购买这种产品和服务来表达自己内在的情绪和意识形态。

我们拿"可乐大战"的案例来分析。

百事可乐无疑拥有更精准的定位。它只瞄准一个目标市场——每一代年轻人，通过每一代年轻人都痴迷的音乐巨星，百事可乐始终保持与充满活力的年轻人市场同步前进。这一策略在 1984 年迈克尔·杰克逊唱出"百事，新一代的选择"的时刻达到巅峰。

然而，可乐行业的老大始终是可口可乐。为什么会这样？因为可口可乐代表了美国文化，成为国家意识形态的象征。可口可乐从打造圣诞老人、供应二战前线、宣传二战英雄，再到"我想给世界来瓶可口可乐"，可口可乐已经成为美国文化象征。所以，哪怕 1985 年推出了口味更佳的新可口，人们也会强烈反对，依然只要"口味欠佳"的经典可口可乐。这一超然地位，让可口可乐在大多数的时间里，始终压住百事可乐一头。

又如我们的华为、李宁等品牌，在今天它们被普遍视为中国崛起的文化象征，激发我们民族复兴的意识形态，从而在市场上占据领先地位。具体到我身边的很多企业高层，他们在换手机时只有一条原则——非华为旗舰机不买。

总结一下，道格拉斯·霍尔特认为，一个伟大的品牌里必有深植的文化密码，蕴含着价值观与意识形态。品牌营销的最高形态，是一种文化战略。

每次读道格拉斯·霍尔特的著作，都让我为自己陷于各种营销理论小圈子而汗颜，产生一种从历史、文化、社会的更大视角看品牌营销的兴奋感。

百花齐放的品牌方法论

自品牌学广受关注以来，各大专门机构与广告公司也纷纷提出自己的品牌方法论。

在品牌定性测量方面，出现一批新的观测方法。比如萨尔特曼提出隐喻诱引技术，用来获取消费者对品牌的真实想法。除此之外，还有阶梯分析法、内隐联系测试等品牌调研技术。

在品牌量化评估方面，最著名的是英特品牌集团、杨罗必凯这两家公司提出的模型，它们的模型都能对品牌的整个生命周期的价值进行评估。

英特品牌集团以严谨的技术建立起评估模型，在国际上具有很大的权威性。《金融世界》杂志采用其方法，从 1992 年起对世界著名品牌进行每年一次的跟踪评估，并发布榜单，受到全球营销人士的关注。

英特品牌模型比较深奥，大家常用的还是杨罗必凯广告公司的 BAV 品牌资产评估模型。朗涛设计公司的艾伦·亚当森写了一本《品牌简单之道》，专门讲述 BAV 品牌资产评估模型。

奥美广告公司，在奥格威最初提出品牌形象论之后，意识到全面品牌管理的重要性，发展出了"360 度品牌管家"，后来又演变成奥美 Fusion。

日本电通广告以阿克的理论模型为基础，开发了其著名的电通蜂窝模型，适用于实务工作中经常遇到的品牌定义问题。

以上四家是影响较大的品牌方法论，但其他广告公司也各自拥有自己的方法论。比如，智威汤逊于 1996 年提出"全方位品牌传播"，简称为 TTB；盛世长城提出"至爱品牌"；麦肯提出"品牌印记"；FCB 提出"品牌方格"；WPP 集多家子公司之力提出"品牌动力模型"……品牌方法论百花齐放！

国内大多数广告公司所提出的新观点，也主要是针对品牌来说的，比如"超级符号""冲突"等。我认为从本质来说：定位最注重差异化，超级符号最注重熟悉感，冲突最注重戏剧性。

不过，这些其实都是从不同角度来看待同一个问题。

比如"怕上火，喝王老吉"这个案例，这原本是定位一派在中国的标杆案例。定位派认为王老吉开创并主导了罐装凉茶新品类。

但用"超级符号"也能解释通：王老吉的成功，在于它找到了"上火"这个母体，并将其符号化成大家熟悉的形象。

从"冲突"角度仍然解释得通：王老吉的成功，在于它解决了消费者想吃香喝辣但又担心上火的冲突。

王直上认为今天的品牌咨询一般给客户提供"三大件":一句品牌定位口号、一套视觉识别系统、一场品牌推广战役。咨询公司一般擅长提供一句品牌定位口号(为了解决一句口号值百万千万的问题,业界一般会有三类模型来推导出这句口号以增加价值感),设计公司擅长提供一套视觉识别系统(同样设计师会使用尺规作图、动态效果、样机等多种方式增加价值感),广告公司擅长运作品牌推广战役。

这看起来十分完美!

可是你看:很多奢侈品并没有品牌定位口号,但它们成功了。

另有一些做得非常大的品牌,从未打过任何媒体广告,但它们也成功了。

这说明,大家习以为常的品牌"三大件"及其基础理论仍然有较大的空白等待填充!

16
耐克背后的文化战略

　　菲尔·奈特在俄勒冈大学期间加入了校田径队，成为一名运动员。运动鞋对田径运动的作用相当大，但当时的制鞋公司重心还在二战时物质生产上，奈特于是产生了改进运动鞋的念头。抱有这种念头的并非他一人，在田径队期间，奈特遇到了与他一样"嗜鞋如命"的教练——比尔·鲍尔曼。

　　鲍尔曼是个实干家，他经常把运动鞋拆开再装回去，并用不同材料来实验，还设计了鞋子的图样请鞋厂定制。不过，这些设计图遭到了鞋厂的拒绝，理由是"我们不想教你怎样当教练，你也别教我们怎么制鞋。"鲍尔曼被迫成了一位鞋匠，他不断向各方请教，制作自己的运动鞋。

从代理日本运动鞋开始

　　1962 年，奈特从斯坦福商学院拿到 MBA 学位。他认为虽然德国运动鞋目前占据主流市场，但工艺精良、成本低廉的日本运动鞋，将会像日本汽车一样快速占领美国市场。因此他到日本去考察鬼冢虎运动鞋。

　　其间有一个趣闻，当鬼冢虎的人员询问他来自哪家公司时，奈特当时并没有公司，情急之下，他想起自己在田径运动场上获得的那些蓝色丝带，于是他自称是蓝带公司的 CEO。奈特报出的这个身份震住了日本人，受到鬼冢虎创始人鬼冢喜八郎的接见。鬼冢喜八郎对他说："世界上的每一个人无时无刻不穿着运动鞋走来走去，我知道那一天早晚会到来。"作为田径爱好者的奈特相信了这句话，他选择代理日本鬼冢虎牌运动鞋，拍下第一批样品订单，开始了运动鞋经销生涯。

菲尔·奈特

奈特的推销方式很务实，他每天跑到各大田径运动场，和那里的教练、运动员以及观众聊天，帮着运动员们吐槽现在的跑鞋，然后从车里拿出几双鬼冢虎，请他们现场试穿。由于性能优越，性价比高，在 6 个月内，首批 300 双鞋便这样一双双地被运动员买走。

看到鞋子不愁销路，奈特和他的教练鲍尔曼各出资 500 美元，在 1964 年 2 月正式成立蓝带公司。奈特负责经营，鲍尔曼负责研发，然后奈特又邀请 MBA 同学杰夫·约翰逊加盟，负责销售。

鲍尔曼在鬼冢虎一款鞋的基础上进行改良，设计出一款新跑鞋，鞋底采用了缓冲垫，前掌和鞋跟还增加了泡棉，使用全掌中底，可以为足弓提供支撑。这款鞋在 1966 年交由鬼冢虎生产，结果成为当年最畅销的跑鞋，这款鞋便是后来大名鼎鼎的 Cortez。

随着 Cortez 的畅销，蓝带公司于 1966 年拿下了鬼冢虎在美国的独家代理权，走上高速发展之路。不过，鬼冢虎要求先款后货，而货物走海运，运输时间长，付款跟到货之间往往相差好几个月。高速发展引发的货款垫资十分庞大，对蓝带公司的现金流提出了极大的挑战，

奈特只能不断地向银行贷款来支付鬼冢虎的预付款，财务状况一再
恶化。

耐克品牌的创立

1971 年，鬼冢虎提出收购蓝带 51% 的股份，奈特决定甩开日方，
自己单干。他将鲍尔曼设计的 Cortez 鞋交由墨西哥一家代工厂定制生
产，并需要将原来的鬼冢虎商标替换为耐克商标，耐克品牌由此诞生。

品牌名字确定后，留给设计的时间非常紧张。当时公司财务困难
重重，奈特在波特兰州立大学担任会计学助理教授，拿这份工资来补
贴公司支出。正为财务发愁的奈特，找到一个正为油画课学费发愁的
学生，名叫卡罗琳·戴维森。奈特以极低的薪水请她给蓝带公司做兼
职设计。在需要耐克商标的时候，奈特说："这个商标要印在鞋的侧
面，要有速度感！我挺喜欢阿迪达斯三道杠，但你又不能抄他们。"

卡罗琳·戴维森画了大量草图，并剪下来贴在鞋子侧面，通过实
物来观察最终效果。她一共交了五个方案，奈特却都不满意，但代工
厂一切就绪就等着商标好开工，于是他勉为其难地挑了对钩方案，并
表示"我不是很喜欢这个，不过我想应该会习惯的。随便吧，凑合
用。"卡罗琳·戴维森的时薪是两美元，她当时得到 35 美元的报酬。

卡罗琳·戴维森设计的耐克商标

耐克商标在 Cortez 运动鞋上的应用

这个充满速度感的对钩符号，被称为"Swoosh"（意为"嗖的一声"）。它既象征胜利女神的翅膀，又是英文单词胜利（victory）的首字母。大大的对钩印在鞋的侧面，让耐克鞋在赛场上总是脱颖而出。奈特后来意识到了这个商标的威力，在公司上市时，他主动赠送给卡罗琳·戴维森一个耐克标的金戒指和 500 份股票作为感谢。

在蓝带公司的运营下，这个新品牌顺利诞生，耐克的 Cortez 运动鞋销量也不错。在这期间，鬼冢虎与蓝带双双提出诉讼，争夺 Cortez 运动鞋的独家生产权。1975 年，判决结果是 Cortez 名称归蓝带公司所有，但该鞋的设计归双方共有。由于 Cortez 的畅销，1978 年，蓝带公司正式更名为耐克公司。

耐克品牌的发展

1978 年，前航空工程师弗兰克·鲁迪借鉴航天飞机上的缓震技术，发明了气垫鞋底。耐克及时取得了这一新技术，这种技术在鞋底植入了起缓冲作用的气囊，填充了压缩气体，在冲击之下可收缩并产生反弹。气垫比泡沫、海绵或橡胶能保持更长时间的弹性，这是耐克制鞋技术的一张王牌。1982 年，耐克推出带气垫技术的 Air Force1，并一口气签下六名篮球运动员来代言。这款亮闪闪的鞋定价高昂，在专业运动员领域有一定声誉。

1984 年，耐克以五年 250 万美元的天价签下 NBA 新秀球员乔丹。耐克也提出了要求：乔丹必须在三年内拿到最佳新秀或入选全明星阵容，至少一个赛季场均得分超 20 分，至少卖出 400 万美元的签名球鞋，否则中止第四年、第五年的合作。

乔丹超额完成了既定任务，给耐克带来了丰厚回报。不过，手握"气垫＋乔丹"双王牌的耐克在这个时候仍然比较弱势。不必说和阿迪达斯、匡威这种老牌相比，就连新进入美国市场不久的锐步，竟然也成了耐克的大敌。

来自英国的锐步于 1979 年进入美国市场。当时北美女性刚刚开始重视健身，全国兴起一股有氧健身操的风潮。锐步发现市场上并没有专门面向该群体的产品，于是在 1982 年推出了第一款专为女性设计的运动鞋——Freestyle。这款鞋款式漂亮、质地柔软，适合女性有氧操健身运动，成为当时最畅销的鞋子。

耐克也跟进开拓女性用户和青少年用户，推出了类似产品，然而锐步凭借先发优势，一直占据着运动休闲领域的领先位置。到 1987 年，锐步以 14 亿美元的销售额超过耐克和阿迪达斯，成为全球第一运动鞋品牌。

耐克品牌的腾飞

面对锐步的赶超，耐克也铆足了劲，在 1987 年将气垫可视化，推出 Air Max 1。这款鞋后跟有透明的塑料小窗口，透过小窗口能看见里面气垫的变化。这项酷酷的设计受到年轻群体的追捧。

锐步紧随其后，于 1988 年推出 Pump 技术，这项技术可以给鞋身充气，人们能根据自己的脚型，通过充气来调整鞋的包裹性。最巧妙的是，锐步在鞋舌上设计了一个篮球形状的充气泵，只须轻按篮球符号，鞋里就立即充满气体，你能体验到全然不同的感觉。给鞋子充气不仅是一种新功能，也解锁了一种新玩法。

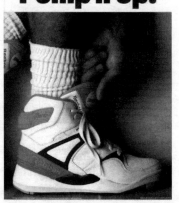

锐步推出 Pump 技术，按一下鞋舌可给鞋充气

运动员按下鞋舌上的按钮给鞋充气，也完成了一次自我"打气"的过程。这种充气玩法成为篮球场上的一种仪式，并迅速成为人人竞

相模仿的流行文化。面对锐步的强大攻势，耐克非常紧张，好在它通过多年布局解决了三大问题：①在纳斯达克上市解决了一直紧张的现金流问题；②将生产放在亚洲代工获得了远超同行的利润空间；③不断地签约超级体育巨星，解决品牌流量问题。

气垫技术推出已有十年，乔丹成为代言人也已有五年，但耐克还是没能成为市场顶流。直到"Just do it"的诞生，耐克终于强势爆发。

1988 年 7 月 1 日，耐克发布了一条由 W+K 公司创作的新广告。广告主角是 80 岁高龄的长跑运动员沃尔特·斯塔克，他每天都坚持在旧金山的海边训练。广告结尾出现"Just do it"的品牌口号。这条广告一经播出就引起轰动，这条口号也成为耐克沿用三十年的经典，同对钩标识一样无人不知。耐克也凭借深入人心的品牌共鸣，逐渐反超各大对手，成为运动鞋第一品牌。

"Just do it"后来被《广告时代》杂志评为"20 世纪最佳广告语之一"，成为广告业又一经典之作。

广告背后的文化战略

耐克早期的广告和其他品牌的操作方式大同小异，都是请明星运动员来做代言人，在广告中穿上运动鞋展示其超凡的技能。尽管耐克不断地签约明星运动员，但广告看不出与其他品牌有什么差别。

20 世纪 70 年代中后期，个人运动开始流行，特别是慢跑。慢跑改变了以前久坐不动的生活方式，锻炼了人们的身体和精神以应对新的竞争环境下的工作。最重要的是，慢跑是一个人的运动，你没有任何借口，要为自己的成败承担全部责任。

当慢跑变得流行时，跑鞋自然也流行起来。耐克放弃了展示明星运动员战绩的营销模式，开始宣扬跑步者的个人拼搏精神，将跑步塑造成人们找回竞争精神的绝妙方式。耐克在广告中说："赢得比赛是相对容易的，战胜自己却需要无尽的投入。"当其他品牌的广告都在秀明星超凡的运动技术时，耐克却在赞美赛场背后单调乏味的日常训练，从而展示运动员的精神。

比尔·鲍尔曼还特意撰写了《跑步》一书。除了写书外，耐克还派人驻扎在好莱坞，想尽各种办法将鞋子送给各种明星穿。最著名的是电影《阿甘正传》的主角穿着经典的 Cortez 鞋在屏幕上奔跑，后来这款鞋又被称为"阿甘鞋"。

这就是早期耐克跑鞋畅销的秘密。可惜中途耐克偏离了路线，拥有重大技术创新的气垫鞋并未对公司收入产生巨大影响。直到十年后，"Just do it"的口号才重新塑造了耐克的品牌形象。

在耐克看来，体育提供了一个平等的竞技场。在这里，胜利属于最有决心、最专注、最有信心的人，而不是那些在社会中得到最多权势的人。"Just do it"发出了充满激励的召唤——无论你是谁，无论你的身体情况、财富状况和社会地位如何，卓越的人生正等待你去展开，不需要更多理由，现在就是付诸行动的时候。

17

智威汤逊：广告业的活化石

关于谁是世界上最早的广告公司，一直有两种说法。

一种说法是国内教科书广泛采用的"1869 年成立的艾耶父子公司是世界上第一家现代广告公司"。另一种说法是智威汤逊是最早的广告公司。

智威汤逊的前身成立于 1864 年。这家卖宗教杂志广告版面的小公司于 1878 年被一个名叫詹姆斯·沃特·汤普森的年轻人收购，然后将公司名改成他的名字，简称 JWT，中文名为智威汤逊。如果拿智威汤逊的前身来算，它比艾耶父子公司还早诞生 5 年。（也有一种说法是汤普森是 1864 年进行的收购，这里采用大多数国内媒体刊登的 1878 年进行收购的说法。）

而这两家元老级广告公司，后来的命运却有天壤之别。

开创了行业创意服务模式的艾耶父子公司，到了 20 世纪 50 年代"创意革命"时期，受到李奥贝纳等一批新广告公司的强烈冲击，已逐渐式微。祸不单行，它在越战期间服务美国军方征兵宣传，又陷入一桩丑闻并受到制裁，许多大客户纷纷终止合作。艾耶父子公司从此彻底陨落，经过若干次合并，最终拖到 2002 年关门，资产出售给阳狮集团。

智威汤逊的早期历史

智威汤逊则顺利地渡过了多次行业变革，成为行业众人景仰的元老之一。1878 年詹姆斯·沃特·汤普森将公司更名后，宣称从此不再只是卖版面的广告人，还要帮助客户创造更有效果的广告，卖更多的产品。智威汤逊雇用作家和艺术家帮助广告主改进他们想传达的信息，起到了很好的效果。

1908 年，在宝洁下属的广告公司工作 4 年的斯坦利·里索进入智威汤逊，深受汤普森的器重，在汤普森退休后，里索接管了公司。智威汤逊在斯坦利·里索的领导下，开展了对市场和消费者的研究，他们在很多地方发现了解决问题的方法，公司由此进入了快速发展期。里索严于律己、有点学究气，在他领导智威汤逊的 45 年间，公司年营业额从 3000 万美元增长到 50 亿美元，成为全球最大的广告公司。

与另一行业领袖拉斯克尔不同，里索是调查研究的忠实信徒。智威汤逊是第一家拥有研究部门的公司，他们请了好几位相关专家作为研究员，其中包括美国人口普查局主任。他们首先尝试建立的人口分布、人口统计学观念，后来成为广告策划报告的范本。除此之外，他们还建立了一个 5000 人的档案，让 5000 个家庭每个月将 30 天内的购物清单寄回公司；他们还挨家挨户拜访调查商品使用情况。这受到《纽约客》的调侃，该杂志刊出一则漫画，是一位西装革履的绅士叩门问："太太您早，智威汤逊想了解您的婚姻是否幸福。"

在里索执掌大权的时期，他最大的优点是能广纳人才，礼贤下士。他率先雇用女性文案，行业内第一个女性文案是里索的妻子——海伦。同时，智威汤逊还拥有两位大才。一位是詹姆斯·韦伯·杨，他是荣登"广告名人堂"的传奇人物。另一位是撒姆·米克，他开拓各地分公司，将智威汤逊带向国际市场。

詹姆斯·韦伯·杨早年在印刷厂工作，1912 年经友人引荐，进入智威汤逊。1928 年退休后，他仍然在广告行业发挥余热。他先后撰写了《广告人日记》《如何成为广告人》《创意妙招》等书籍，成为广告专业的必读经典。这三本书由林以德等人翻译，并于 1998 年在中国出版三合一的著作《广告传奇与创意妙招》。

詹姆斯·韦伯·杨的创意方法

在《如何成为广告人》一书中，詹姆斯·韦伯·杨记录了他在 1959 年的一场演讲。演讲中他提出了让广告奏效的 5 种基本方法。这 5 种方法也是广告的五大功能，可能是有史以来对广告功能总结得最到位的。

（1）让广告奏效的第一种方法：增加熟悉感。

当你处于一群陌生人中，看到一个熟悉的面孔，即使是你所不喜欢的人，你也会欢迎他。因为人类最深层的需求之一是在他的世界中辨清方位和归属感。所以大量广告的重复投放，便是为了制造熟悉感，这也是广告最基本的功能。当面对两个从未购买过的东西作选择，几乎可以确定你会拿你较为熟悉的那个。

当然，知名品牌新品发布会之前的宣传是个例外。除此之外的大多数情况都应该强化熟悉感，想要的效果都会伴随着熟悉感而来。

我看到这里，突然想起，很多时候，当不能确定选择哪个创意有效果时，其实根本不用陷入复杂的创意中，直接大大方方上名称和产品往往最有效，且无任何副作用。我见了太多广告充满言外之意，满版推销说辞，却把名称和产品放在毫不起眼的小角落，它们都丧失了广告最基本的功能。

（2）让广告奏效的第二种方法：恰好地提醒。

生活中许多大大小小的决定要做的事情，很多需要透过"提醒"才能真的付诸行动。当万圣节来临前，你需要广告来提醒说你的孩子期待有巫婆的道具、窗旁的南瓜灯、宴会上的汽水。做得最好的提醒是个人化的，比如一个人在生日前，商家通过直邮送上祝福，并搭配着适合他的礼物介绍。

詹姆斯·韦伯·杨指出了公关活动与广告活动的区别。公关活动常常用来勾起人"下决定做某事"的欲望，如果公关活动推行顺利，再开始花钱做广告，这时广告的主要作用便集中在"提醒"上。

大多数畅销书的做法是，先在文学杂谈的专栏中透露一点，接着在一本杂志中刊载一部分，然后是少量的报道型广告宣传上市，如果推书顺利，佳评如潮，书也开始卖了，出版社才会真正开始花钱做广告。

又比如在流行商品上，也常常是先通过服装秀、高品质摄影、时尚体验、媒体报道吸引初始关注，形成媒体口碑时，广告再加入，来进行提醒和加强的工作。

（3）让广告奏效的第三种方法：新闻式传播。

在全国性商品崛起以前，所有的广告都是地区性的，而且大多数都是当地的新闻。在第 2 章提到过拉斯克尔早期就认为"广告就是新闻"。

新闻报道式广告越来越受到重视，它常常能吸引有需求的目标用户的关注，在产品发布期配合公关，能吸引到行业关注者。当新闻点不是产品与生俱来的时，就需要在别处找到新闻点，比如研究产品的新用途。

（4）让广告奏效的第四种方法：克服惯性。

物理学中的惯性是指，物体会保持自身现有状态的性质，除非受外力而改变。惯性也适用于广告。不论广告创造出多少兴趣，如果因为惯性，人们既不回应，也不行动，结果都等于零。

我曾经看到一个现实的例子：某高校某协会针对新生举办活动，提前在食堂门口张贴了一张大大的海报，设计得很精美，活动介绍也很诱人，但第一天活动来的人寥寥无几。于是要重新设计海报。有人灵机一动，在原海报地址上加了一幅从食堂到现场的路线图，当天活动人数爆满。这个改动有效的原因在于，之前新生虽然也觉得活动有意思，但由于不识路，强大的惯性让他们无动于衷。后来只加上一个路线图的小小改动，却扫除了行动的最大障碍，新生按图索骥就可轻松参加。

在一则行动性的广告中，必须有一些元素是用来克服惯性、回应行动的。随着技术的进步，对这一点越来越重视，今天我们称之为"互动"。

（5）让广告奏效的第五种方法：增加产品的附加价值。

广告有非常高的附加价值，因为广告可以提高产品使用者的满意度。后来的乔治·路易斯也持同一观点，他认为创意人一定要相信广告能让食物变得更好吃，广告能让衣服穿在身上更好看，广告能让车更好驾驶的"谎言"。如果广告人不相信这一点，那么他们所做的广告，也就不能让食物更好吃，衣服更好看，车更好驾驶。

詹姆斯·韦伯·杨将广告的附加价值分成三类：地位、审美、亲密。

要赋予产品一个地位象征，其基本条件是让产品必须在公共场合中使用，比如香烟可以成为小小的地位象征。

审美的附加价值和人的自我意识观念紧密相关，比如一个化妆品，虽然不常在公共场合中使用，但是与个性紧密相连，也能成为地位的象征；但牙膏却不能，因为化妆品具有审美的附加价值。

透过广告来创造亲密感通常被忽略掉，但有些时候，许多人常到特定的商家购物，仅是因为他对店里的人感到亲近。我感觉亲密感仿佛是熟悉感的升级。

随着竞争的商品之间越来越同质化，智慧的广告人一定要找出一个经由广告来增加产品附加价值的方法，否则就会得一种广告病，叫"文案过劳症"。文案竭力找出产品实质上微乎其微的利益点，然后支吾其词，会导致消费者对广告丧失信心并且不尊重。

世纪口号的诞生

智威汤逊和艾耶父子公司，除了都是行业元老外，还服务过同一个客户——戴比尔斯钻石，缔造了广告史上最知名的作品之一。

1938 年，戴比尔斯聘请了艾耶父子公司，期待提升钻石的销量。

艾耶父子公司的方案是让钻石成为承诺、爱情和婚姻的象征。他们开始说服年轻人，只有钻石才是爱情的代名词。广告先从电影明星开始。他们在报纸杂志上刊登明星的爱情故事，每个故事都着力描述名人送给他们的爱人大大的钻石，照片则着眼于知名女人手上钻石戒指的闪亮特写，让钻石成为时尚的潮流。

然后是大手笔公关。英国皇室成员取下其他珠宝，佩戴上名贵钻石，频频出访世界各国，并以钻石作为礼物进行馈赠。接下来举办各种艺术活动，将钻石和世界艺术大家的传世作品一同展出。

三年后，美国钻石销量上升了 55%。艾耶父子公司提出了新的计划，重点转向公众心理需求，他们要做一种广告，不产生直接销售，不需要观众记住品牌，仅仅是一个概念——围绕着钻石的永恒的情感价值。

弗朗西丝·格里蒂从 1943 年起就在为戴比尔斯创作广告。1947 年的一个晚上，她刚刚完成了一系列工作，正准备睡觉，突然想起自己忘记为最新的广告活动制作签名档。此时的她精疲力竭，毫无灵感，但仍然坚定和专注，在一个转瞬即逝的灵感时刻，她终于在一张纸条上草草写了一句话。第二天早上，她觉得还不错，把它带到会议室展示给大家，然而因为其不同寻常的风格，大家犹豫不决，没有人对这个活动口号表现得特别热情。

但在她的坚持下，艾耶父子公司还是决定在广告中使用这个活动签名档——"A Diamond is Forever"，意思为"钻石是永恒的"。广告刊出之后，这个活动签名档成为戴比尔斯的品牌口号，出现在所有的

戴比尔斯钻石早期广告

广告宣传中。

因艾耶父子公司卷入美国军方征兵的丑闻，1995 年戴比尔斯终止了合作，转而与智威汤逊合作。智威汤逊延续了"A Diamond is Forever"的品牌口号，前后跨越 60 多年一字未改，一直用到 2008 年，堪称一代经典，《广告时代》杂志称其为"世纪口号"。

戴比尔斯 20 世纪 80 年代进入中国香港，劳双恩将这句英文重新赋予中文的生命，译为"钻石恒久远，一颗永留传"。在中国，这一句口号的传诵度远超英语原文。

"钻石恒久远，一颗永留传"是反面教材吗？

对于这句世纪口号，大多数人都认为是经典之作。不过，近几年也有一些知名广告人将其视为典型的反面教材。他们的理由是，这个广告语中没有出现"戴比尔斯"的品牌名，这是最大的失策。

我认为"广告语中一定要有品牌名"的观点，在大多数情况下是对的，但在戴比尔斯这里却是个例外。要搞清楚为什么这个口号里不能出现品牌名，需要将前面戴比尔斯的一些手段再展开详细讲一讲。

戴比尔斯在 1988 年成立后，联合了钻石最大产区南非的大部分钻石商，与伦敦钻石垄断组织谈判，将全球每年的钻石产量进行了严格控制，以维持一个高昂的全球价格。戴比尔斯后来又建立了一个集中销售模式，简称 CSO。按照 CSO 的模式，戴比尔斯从自有钻石矿、合资钻石矿、签约生产商处购买钻石原石，经过分选、评价之后，再由 CSO 负责销售给全球 150 家主要钻石贸易商。这个模式的本质是，资本联合起来控制了生产和销售，对已经充足的资源，人为地制造稀缺，维持高价。

除了这个厉害的统销模式之外，戴比尔斯的广告也暗含玄机。人们不断被广告灌输"钻石是永恒的"，通过明星、电影等流行文化引导人们用钻石来求婚。甚至还引导丈夫要"偷偷地买最大的钻石，才能给她最大的惊喜"。

到此，还不算完。戴比尔斯害怕人们在经济困顿的时候，将自己的钻石转手卖出来，这将极大地破坏 CSO 统销模式。所以，戴比尔斯用那句世纪口号"钻石恒久远，一颗永流传"来解决这个致命威胁，赋予这块金刚石以神圣的光环，让人们保留它，永远不被转售。人们买卖二手车、二手房、二手电器、二手黄金都被视为正常行为，却几乎没人买卖二手钻石。这样一来，全球钻石的买卖由戴比尔斯垄断，从 1888 年到 21 世纪初，它一直控制着全球 80% 以上的钻石原石分销。

一个行业垄断者的品牌口号，只宣传行业，不宣传品牌名，是多么的明智。因为将行业的饼做大，自己自然水涨船高。

智威汤逊与伟门合并

智威汤逊历史悠久，是广告行业的活化石，历经多次风浪，始终屹立潮头。1987 年，WPP 以 5.66 亿美元收购智威汤逊。一个生产超市购物车的小公司收购了广告行业巨头，当时震惊业界。但两年后，奥美也被 WPP 纳入怀中。

随着社交网络时代的到来，智威汤逊疲态渐显。2018 年，WPP 将其与伟门合并，新公司名为伟门·汤普森。

伟门公司由莱斯特·伟门于 1958 年创办，最初是一家非常小的公司，一度被媒体拒绝提供账期，伟门及合伙人不得不以自己的房产做抵押，才完成第一个广告的投放。伟门是个很不一样的人，当时行业大多在追求大创意，而他由于资本不足，不得不将重心放在邮购广告等低成本的广告方式上，这使他成为邮购广告权威。

1967 年，伟门在多年邮购广告的经验上，进行了更全面的拓展，提出"直复营销"的概念。他被称为直复营销之父。

在互联网还没诞生的年代，伟门所开创的直复营销，就强调与消费者互动与对话、强调数据与精准的营销。其实，伟门公司就是那个时代的互动公司。

伟门与智威汤逊的合并，WPP 意在将广告创意与消费者互动专家合二为一。

接下来，广告营销业将进入互动的时代。

18
互动的时代

早在互联网兴起的时候，广告业就宣称新时代到来了，但早期的互联网并没有有影响到 4A 广告集团的格局。直到 2017 年 iPhone 的发布，标志着移动互联网的诞生，从此广告营销的玩法有了很大的不同，新成立的广告公司纷纷称自己为互动公司。

随着电商与社交媒体的普及，互动公司与 4A 公司已形成势均力敌之势，甚至前者还略占上风。

尽管今天互动公司的手段丰富多彩，但最早的互动营销主角竟然是一只笨拙的小鸡。

"听话的小鸡"开创互动新纪元

2004 年，汉堡王希望 CP+B 广告公司为其吸引到 18 ～ 34 岁的男性顾客群体。CP+B 在汉堡王"Have it your way"的品牌口号上进行发挥，创作了小鸡侍者这一角色。

一只真人大小的小鸡出现在汉堡王电视广告中。它就像一个听话的仆人，无论何时何地都执行观众给它下达的命令。它可以穿着蕾丝背心待在地下室，也可以跳钢管舞，听从主人的命令，哪怕被打也不还手。这些模仿人类的调皮事非常搞笑，广告吸引了年轻的男顾客。

CP+B 的伯格斯基说服了汉堡王将小鸡侍者搬到了网上，从电视广告费中挤出 5 万美元，制作了一个"听话的小鸡"网站。当时在美国流行着一种付费用户输入指令，网络另一头的表演者对着摄像头做出相应动作的观赏方式。CP+B 借鉴这种方式，不过为了节省人力成本，让小鸡侍者做了一场假的直播秀。

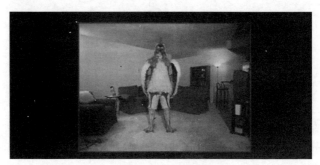

"听话的小鸡"网站

他们花两天时间给小鸡录制了 500 多条各种动作的视频，用户可以通过键盘，向身着怪异红色吊带袜的小鸡发送命令。小鸡会按指令做出相应的动作，比如翻跟头、唱歌、弹跳甚至倒立等（但是小鸡有它的准则，如果让它脱衣服，它会走上来，向发出指令者做出摆手的动作）。伯格斯基还故意调低了视频画质，让上网者感觉更像是在看直播。

与传统广告顾客被动接受的模式不同，汉堡王用一个"听话的小鸡"让广告与顾客有了互动。这种搞怪的互动形式令参与者乐此不疲，最终以极低成本完成巨大的传播量。"听话的小鸡"网站花费仅为电视广告的十分之一，却开启了新世界的大门：全球点击量超过 4.6 亿次，成为商业史上第一个有分量的互动营销。

沃顿商学院彼得·费德教授认为，互动营销成功的关键，是要有病毒般的自然传播力，而要论自然传播力，没有什么比搞怪逗笑更大了。在以前，内容和商业分离是神圣不可侵犯的原则。而现在，娱乐和信息都混合到一起了。不过，既然有效果，为什么要费劲把它们再分离开呢？

肯戴尔·怀特豪斯认为，人们总是倾向于接受那些不太直接的广告，因此很多公司采用巧妙加不露痕迹的技巧，有些推广活动几乎是悄悄进行的。小鸡待者做得很巧妙，但他们还不清楚这种搞怪本身是不是一种可持久进行的模式。

《广告时代》一锤定音，将汉堡王"听话的小鸡"称作营销的"分水岭"，称它"开启了互动创意的新纪元"。

中国互动营销的大手笔

在"听话的小鸡"开启互动营销新战场后，中国的同行渐渐走到了前列，成为互动时代的数字化先锋。

2011 年，中国的 3G 网络已经普及，年初腾讯发布了微信，年中雷军发布了小米手机。这几件事连起来看，便是从网络、软件到硬件三者皆备，引发了智能手机换机潮，那一年又被称为中国的移动互联网元年。

微信和小米的成功均不同于以往的模式，是互动营销的典范。

智能手机普及后，腾讯原有的手机 QQ 显得臃肿无比，张小龙推出的微信成为新的国民级应用。微信的成功除了源自更简捷好用的功能外，还源自腾讯无可匹敌的社交优势。

对于微信早期的成功，我总结了三个主要原因：

（1）微信上线时通过国内用户最多的 QQ 邮箱进行拉新，取得了第一拨成果。

（2）在面对米聊的强势竞争时，微信导入了 QQ 庞大的社交链，完成对米聊的绝杀。

（3）产品重视互动体验，功能简洁好用，并不断更新。早期的免费语音，让打字不便的广大老百姓大大受益。朋友圈也成了强社交代名词，公众号又成功抢走了微博的主流媒体地位。

微信在坐稳社交 App 头把交椅后，又进军支付领域。而这一领域的王者，一直都是阿里巴巴的支付宝。微信支付与支付宝的大战一触即发，微信支付通过春晚红包成功从行业老大手中抢得市场。

2014 年 1 月 27 日，微信红包功能上线，仅用了 4 个小时就从广州蔓延到全国。2014 年春节假期，参与微信红包活动的总人数达到800 万，最高峰时，每分钟便有 2.5 万个红包被拆开。红包提现时，用户需要开通微信支付、进行银行卡绑定等一系列操作，从而一举解决了微信支付的破局瓶颈。

虽然取得了良好的开局，但这并不足以撼动支付宝的地位。于是，2015 年微信将红包搬上春晚。

在春晚的整个直播过程中，电视上的主持人会反复提醒全国观众"摇一摇"领微信红包。而微信也为春晚定制入口，除了红包，还可以摇出各项与春晚紧密相关的小惊喜。比如可以摇出春晚节目单；如果电视上正在直播某位明星的节目，那就有可能摇到这位明星的拜年祝福；还可以摇出新年贺卡，自己编写祝福语送出新春祝福；还能摇出"全家福"，用户把全家福上传，有机会出现在春晚现场。当晚共上传春晚全家福照片 3900 万张，互动效果显而易见。

最大的赢家还是微信支付。微信春晚"摇一摇"共发放 5 亿元现金红包，除夕当晚"摇一摇"互动总量达 110 亿次，红包收发总量超10 亿个。微信的春晚红包是互动营销的超级典范，这种大手笔的互动投入空前绝后。微信在这两天内绑定的个人银行卡达 2 亿多张。

用户参与创造奇迹

中国互动营销的另一个典范是小米。

在全球智能手机兴起的大风口，雷军决定亲自下场做小米手机。尽管当时开源的安卓手机体验还很粗糙，但雷军很看好开源。他说："无论多么复杂的事情，都有一个原点，要找到切入点。我们不懂硬件，就先从软件干起。操作系统很复杂，没关系，我们在开源系统上做；开源也很复杂，没关系，我们找了当时智能手机最重要的几个功能开始干。"

小米决定在安卓的基础上开发 MIUI。在智能手机刚起步的时期，打电话、发短信、通讯录和桌面是人们最常用的功能，小米集中精力，专注把这 4 个核心功能模块做好做透。MIUI 第一版很快就在 2010 年 8 月 16 日正式发布。

一经发布，MIUI 在全球范围内广受好评，人们认为 MIUI 做到了安卓领域最好的表现。但马上就碰到下一个问题：用户从哪里来？

当时小米还没有推出自己的手机，也没有预算给其他品牌手机进行预装。于是小米建立了一个论坛，吸引手机发烧友，然后招募志愿者"刷机"，就是把其他手机刷上 MIUI。刷机在当时是一项"勇敢者的游戏"。早年刷机，一刷就是十几个小时，刷机者既兴奋又紧张，因为不保证一定成功，失败了手机就要变成"砖头"。

雷军在创办卓越网的时候，就认真琢磨过到各种论坛、社区发帖的方法。因此在招募"刷机"志愿者时，让全员去其他各种社交平台和社区发帖。他定了一条硬性规定：每天发 300 个帖子，每个帖子都要求 100 字以上，而且要言之有物，能适应不同风格的论坛，不至于被别的社区管理员当成垃圾推广信息删掉，然后把这 300 个帖子贴到所有自己知道的论坛、社区里。

居然有 100 位陌生的用户愿意冒着风险刷小米的 MIUI 系统，小米称其为"100 个梦想的赞助商"，并把他们的 ID 放到了 MIUI 第一版的开机画面上。没有做任何推广，只是靠口碑传播，第一周 100 人，第二周 200 人，第三周 400 人……MIUI 的用户就这么增长起来。

雷军还要求团队全员每天泡在论坛里收集用户的吐槽和反馈。MIUI 每周更新的功能，哪些受欢迎，哪些不受欢迎，由 MIUI 社区用户投票产生；新功能开发的优先级，甚至系统的默认铃声是哪首曲子，也是由用户投票决定的。这样一来，每周用户都能看到自己提出的意见被采纳了，极大地调动了参与感，用户们自发地帮 MIUI 做口碑传播。

短短一年时间，在不借助任何外部资源、零推广投入、完全隐姓埋名开发的情况下，MIUI 用户量超过了 30 万。这 30 万人就是小米手机宝贵的种子用户。

MIUI 起步以后，小米就开始做手机了。2011 年 8 月 16 日，小米手机第一代发布，当时旗舰级的硬件，加上 MIUI 系统，价格只有同级手机的一半。当时行业观察者的乐观预期是 5 万～ 10 万台的总销量。小米自己认为，依托 MIUI 的 30 多万核心用户，小米手机有可能卖到 30 万台，因此只生产了 30 万台。

结果，30 万台小米手机一天就被抢光了。30 万台手机背后有需求的用户可不止 30 万人，小米网的在线人数高达百万级别，甚至出现了瞬时宕机的现象。30 多万核心用户，早就期待小米能做出跟 MIUI 结合得更好的手机，这样用得才更爽。

首批次销量的火爆，让小米成为现象级的明星公司，因此获得了无数的报道，进一步促进了它的火爆。最终，小米第一代手机总计销售 790 多万台。对一家此前毫无硬件行业经验的小创业公司而言，这绝对是一个奇迹。

24 小时直播挽救了一个品牌

在 2021 年河南特大暴雨之前，鸿星尔克还是个渐渐没落的体育品牌。

2021 年 7 月 21 日，鸿星尔克微博发布了向河南灾区捐赠 5000 万元物资的消息。鸿星尔克家底不厚，向灾区捐赠大笔物资后，只低调地在微博发宣传，舍不得花钱做推广，官方微博连会员都没有买。这种强烈的反差，感动了无数网友。

网友神评论不断在微博下出现："感觉你都要倒闭了还捐这么多""鸿星尔克 2020 年巨亏，却花了 5000 万元驰援灾区""明星 50 万直接冲热搜，良心企业 5000 万评论一百多，点赞才两千，我真的有点意难平"。有网友为鸿星尔克微博充值会员，这一充充了 120 年。鸿星尔克迅速做出回应：立志成为百年品牌，不然对不起网友送的会员。

越来越多网友激情转发鸿星尔克这条微博，并在其他捐款热门微博与话题下面为鸿星尔克鸣不平。第二天，鸿星尔克捐款的话题终于冲上微博热搜首位，此后阅读量超过了 10 亿，并登上抖音热榜第2 位。然后，该话题又登上了头条、知乎、百度、B 站等各大平台的热点。

鸿星尔克抓住了这波流量，紧急开通 48 小时不停歇直播。大量的网友拥进了鸿星尔克的直播间疯狂下单，主播一直高喊"理性消费"。由于商品售价大多在 300 元以内，见惯了大场面直播的网友更产生了逆反心态，从而用行动创造了一个新网络词汇——"野性消费"。

因为直播间人数太多，惊动了鸿星尔克的总裁。于是，直播到半夜，总裁骑着共享单车赶到直播间，一下子坐稳了耿直、低调、亲民的人设。层层叠加的"反常"效应，最终造就了鸿星尔克的意外出圈和爆红。

鸿星尔克不断爆出金句。比如"鞋穿着不好看，一定是我的脚没长好"，网友"造梗"为高居热搜的品牌又一次掀起热潮，形成二次传播。同时线下门店也迎来爆发，"男子在鸿星尔克买 500 元付 1000元拔腿就跑"等话题又登上热搜。

在连续直播近 48 小时后，鸿星尔克三大平台的直播间累计销售额超 1.3 亿元，鸿星尔克京东直营店 7 月 23 日销售额同比增长超 52倍！同时还创造了抖音直播间 3.5 亿人次点赞的历史最高纪录。

汉堡王的小鸡侍者是互动营销的原点；小米通过垂直深耕种子粉丝打造富有参与感的互动；微信红包与春晚合作开启流量的阀门；鸿星尔克社交媒体的互动如同制造营销巨浪的海啸，速度迅猛、力量巨大。

从互动时代开始，中国的广告营销业迅猛发展，接下来是中国广告崛起的故事。

19
中国广告的崛起

中国现代广告业的开端，要从 20 世纪 70 年代说起。那时正兴起全球化浪潮，4A 广告公司跟随一众国际品牌纷纷进入中国香港、台湾地区，促进了中国港台地区广告业的快速发展。

1978 年 12 月中国开始实施改革开放，1979 年 1 月 4 日，《天津日报》便刊发了蓝天牙膏的广告，这是改革开放后发布的第一个商品广告。紧接着春节期间，上海电视台发布了最早的电视广告，商品是参桂补酒。到了 1979 年底，中宣部颁布《报刊、广播、电视刊登和播放中国广告的通知》，根据通知精神，诞生了第一批国资控股的广告公司，包括中国国际广告公司、广东省广告公司、北京广告公司、国安广告公司等。1981 年，中国对外经济贸易广告协会（简称外广协）成立；1983 年，中国广告协会（简称中广协）成立。在 1990 年前后，各大 4A 广告公司也开始抢占中国广告市场，与第一批国资控股广告公司进行合资。

在这风云变幻的 50 年中，我仅截取几个精彩的片段供大家阅读。

港台广告人引领风尚的时期

港台广告人无疑是中国广告业的第一批弄潮儿。这一批港台广告人中知名的有黄霑、

年轻时的黄霑

朱家鼎、邓志祥、苏秋平、许舜英、孙大伟等。其中以黄霑最具代表性和传奇性。

黄霑，原名黄湛森，生于广州，是"香港四大才子"之一。读大学期间他曾参加一个歌唱比赛，因为怕输，便给自己取了一个艺名叫"黄霑"。虽然在决赛中被淘汰，但在饶宗颐、牟宗三、罗香林等大师的影响下，黄霑受益匪浅。

大学毕业后黄霑当了两年中学语文教师，几经辗转，进入丽的电视台从事主持和配乐工作。此后，他为著名歌星邓丽君写歌，流行到台湾。黄霑词曲家的身份被渐渐认可，他成为公认的歌词宗匠，被倪匡誉为"现代流行曲之父"。代表作有《上海滩》《沧海一声笑》《倩女幽魂》《一生有意义》《世间始终你好》《狮子山下》《我的中国心》等经典歌曲。

黄霑除了是公认的歌词宗匠外，还是一名卓越的广告人。他在大学毕业后，上午做中学语文教师，下午 3 点后无事可做，就去兼职写稿。后来去英美烟草公司任职广告部助理。广告是先在国外制作好片子，发回香港，再由黄霑等人进行翻译。外国人爆满的自信心让他们不相信中国人能将广告制作好，故而选择这种繁复的工作程序。这项工作很是磨人，黄霑不但要根据西洋音乐将粤语歌词填好，还要向上司解释，看是否能够表情达意。东西方的音乐与语言存在其固有的地域性，黄霑回忆"倘是一个苹果的两半，也便罢了，偏偏是一半苹果一半鸭梨，还在错位的时间中相遇，结果可想而知"。

这期间，最令黄霑记忆深刻的是"马会烟"事件。马会烟是英美烟草计划推出的一款新型平价香烟，做了长期准备，烟纸、香料、配方、烟嘴、包装都精益求精。一上市就成功热销，但好景不长，很快滞销。马会烟上市共花费上千万港元，调查失败原因又花了几十万港元。最终结论是因为封胶机器出了问题，顾客买到手的是烟味走光的"干草"。

1967 年，黄霑升任副经理，去英国总部接受训练。回港后，黄霑顶着副经理的头衔，做的却是新来经理的秘书的事。不久，本土班底也已大半离开。这让他慢慢见识了华人再努力，也始终不能成为英美公司的正经理，因而辞职。1970 年，黄霑进入中美合资的华美广告公司，担任联合创作总监，月薪 3000 元，对比当时一般 200 元左右的工资，算是非常丰厚了。

1972 年，香港广告界发生了著名的"虫草鸡精"事件。华美广告当时的客户——白兰氏鸡精，是英国前皇室保健品，在此之前几乎垄断香港鸡精市场。在 1972 年尼克松访华之后，政策开始松动，广州羊城牌虫草鸡精进入香港市场，最初仅花 2 万元，将"虫草鸡精，补而不燥"的 20 秒广告片，投放在下午 5 点的非黄金时段。由于是非黄金时段，在第一个月并没有引起白兰氏鸡精的注意，可随着每天 20 秒的日积月累，羊城牌虫草鸡精终于赢得港人青睐。其实除了广告的原因外，还因为羊城牌虫草鸡精是国货，在华洋对立的时代，港人说不定早就对居高临下的外国货有所不爽。"虫草鸡精"事件后，黄霑被白兰氏鸡精迁怒，与华美大部分高层人员被迫集体离职。

从华美广告离职后，黄霑继续在广告界打拼。1975 年与林燕妮共同成立了黄与林广告公司。彼时正好是香港广告业发展的黄金时代，5 年后成为年营业额 1.2 亿港元的香港第七大广告公司。黄与林在 1985 年被盛世长城收购，黄霑退出广告业，将才华完全放在了歌曲上。

黄霑最为成功的是"人头马"的广告。

20 世纪 70 年代的香港，正处于全力发展的大好时期。作为"亚洲四小龙"之一，发展速度日新月异，白兰地、威士忌，这些陌生的洋酒跟许多其他新鲜玩意每天都在冒出来。在这样蓬勃的氛围下，如何把一个陌生的白兰地品牌介绍给香港人民，并迅速开拓市场？常用的三板斧——一讲历史、二说品质、三教品酒方法，并不适合这个具有文化差异的喧嚣城市。

人头马白兰地原本是餐后酒，而大多数国人并没有餐后饮酒的习惯，大多喜欢在宴会上"豪饮"。于是，人头马按中国人的习惯，重新定位成宴会社交用酒。黄霑为其撰写的"人头马一开，好事自然来"，满足了国人在社交场合喜欢吉利，想讨个好彩头的心理，直击利益点，无疑是神来之笔！据说黄霑当时对这句话并不满意，又苦思冥想了好多新版本，最后还是觉得这句大白话最恰当，也最能让人们口口相传。此广告投放在新闻播报之后的黄金时段，效果相当好，广告一出，轰动全港。

人头马早期广告

"人头马一开，好事自然来"为人头马的销售奠定了巨大的群众基础，让它在大中华区的品牌知名度远超竞争对手轩尼诗和马爹利。到了 21 世纪有些地方还在用那句"人头马一开，好事自然来"。

特殊的商业环境使港台广告人成为中国现代广告业早期的急先锋。在黄霑、朱家鼎、许舜英、邓志祥之后，新一批以莫康孙、宋秩铭、林桂枝、劳双恩为代表的港台广告精英带动了中国广告业的快速成长。

中国广告业的发展

20 世纪 90 年代，4A 广告公司大量进入中国，按时间先后有：扬罗必凯（1986）、麦肯光明（1989）、奥美（1991）、BBDO（1991）、DDB（1992）、盛世长城（1992）、精信（1992）、达彼思（1993）、FCB（1993）、电通（1994）等。在这一时期，新一批港台广告精英随之加入，成为这些新公司的中坚力量。一时间 4A 公司里随处可闻夹着英文单词的港台腔。

面对强大的国际 4A 公司在中国攻城略地，1996 年，在张小平的发起下，多家本土广告公司联合起来，决定"自搭平台来唱戏"，成立了广州 4A。2006 年，在广州 4A 年轻人创意大赛中，广州无形广告公司的杨柳、蒙柳健、俞冠彬创作了三幅平面广告，击中当时本土企业品牌意识不强的软肋。

这三幅平面广告十分简单，也十分震撼。《广州本田篇》就是大大的"广州本田？"几个字撑满了版面，噱头十足，当我们把目光看向下方小字时，才明白那个问号的意义。小字为"本田是广州的吗？中国需要创造，创造自己的品牌"。后面《上海大众篇》《北京现代篇》也是如此，反复在问"大众是上海的吗？""现代是北京的吗？"结论都是"中国需要创造，创造自己的品牌"。

这套广告之所以震撼，除了用精彩的创意来调动情绪之外，还有一个巧妙借势的因素。本田、大众、现代是那些年国内汽车销量之王，分别与广汽、上汽、北汽合资，在消费者心中有着举足轻重的分量。这套广告借用这些名头响亮的大品牌来吸引眼球，再发出"中国需要创造自己的品牌"的呼声，就显得格外显目！

三个年轻人在执行这个创意的时候，有人告诉他们："这套作品要么一无所获，要么就是金奖。"最终，这套作品不仅夺得 2006 广州 4A 年轻人创意大赛金奖，还成为预言：不久之后，广州本田将名字改成了"广汽本田"，广汽集团收购阿尔法·罗密欧 166 的技术，培育出自主品牌"传祺"。这事还没完，多年以后，上海大众也改名为"上汽大众"。

在本土广告人的呼声中，本土品牌也陆续诞生了很多优秀的广告。比如 1983 年"燕舞收录机"、1991 年"活力 28 沙市日化"、1992 年"杉杉西服，不要太潇洒"、1998 年"农夫山泉有点甜"、2001 年"国窖 1573，你能品味的历史"都是脍炙人口的经典案例。

中国本土有这么多好的广告，但如果要选出一个最有代表性的，那一定是脑白金。

在做脑白金之前，史玉柱做过一个叫"脑黄金"的保健品，凭借

"让一亿人先聪明起来"的广告大卖。但脑黄金目标对象是年轻人，年轻人对于这种东西始终抱着怀疑的态度，随着脑黄金概念的热度消退，以及巨人大厦资金告急，史玉柱无心管理，脑黄金最终黄了。

在巨人大厦彻底烂尾后，史玉柱再次进军保健品行业，推出"脑白金"。这一次史玉柱吸取了教训，不再以年轻人为目标，而是转向老年人群体。在脑白金试销的早期，史玉柱常常出没于一些公园，对逛公园的老头老太太进行实地调研。经过调研，他发现，老头老太太对孙辈很大方，但对自己很节俭。他们自己舍不得买，但如果子女买来送给他们，他们就愿意吃。

史玉柱利用年轻人孝敬父母的传统文化与普遍心理，决定了脑白金的营销策略——提醒子女给父母送礼！最终他选了一条病句——"今年过节不收礼，收礼只收脑白金"。这条广告语的好处有三：一是因为前后矛盾的语病容易被人记住，二是"礼"字重复得比较多，三是产品名自然地融入其中。

后来"只收"违规了，便改成了"还收"，广告语变成了"今年过节不收礼，收礼还收脑白金"。史玉柱确定广告计划至少打10年不变。这条年年被评为"最烂"的广告，打到第四年时，在消费者脑海中，"脑白金"和"送礼"不自觉地画上等号了。这条广告除了画面形式每年稍稍变一下之外，广告语基本保持不变，坚持用了十三四年。脑白金成为中国广告的经典代表，史玉柱也借此重回巅峰。

脑白金的广告

你以为赢家只有史玉柱吗？不，脑白金的成功，还有一个赢家——叶茂中。

很多人都以为脑白金是叶茂中策划的。但其实不是，脑白金创意是从史玉柱公司内部诞生的。有意无意中，叶茂中总引诱你认为脑白金就是他的代表案例。很多专业人士的文章，都将脑白金的创意归功于叶茂中。

下面我们就来聊聊，中国广告的传奇人物叶茂中。

叶茂中：一个冲突的广告商人

1989 年，叶茂中从南京艺术学院毕业，回到老家泰州电视台做美工。泰州的春兰集团要拍广告片，要求用电影胶片拍，不用电视台常见的磁带拍（胶片的画质比磁带好得多）。整个电视台没人会用胶片拍，但叶茂中接到电话时，毫不犹豫地说自己会用胶片拍。接下这个活后，叶茂中跑到图书馆疯狂地查阅资料，却发现这件事太难了，自己一个人根本玩不转。最终求助在上海科学电影制片厂当美工的朋友，凑齐了一个制作班子。

当时全国正流行打台球，叶茂中给了一个"一杆打进六个球"的创意，吸引了广大台球爱好者，再配上一句"春兰空调，高层次的追求"，呼应初尝改革红利的人们刚刚兴起的对高品质生活的追求，这个广告在央视投放后一下火了。那时的人们还不知道有影视特效这回事，便有台球爱好者问他一杆六球是真的吗。叶茂中再次毫不犹豫地说——是真的，别人是从小练的。

从广告中尝到甜头的叶茂中，从泰州电视台辞职，到上海的广告公司做美术设计。几年之后，叶茂中发现在客户指手画脚下作一辈子图，并不是他想要的生活。于是他拿出当年拍春兰广告的劲头专研广告。他没有机缘拜入 4A 的大师门下，便自己花一年多时间一头扎进图书馆，读了当时所有的广告书，编写了他的第一本书《广告人手记》。在这本书中，充满了收集而来的各种广告营销观点，但他隐藏了这些观点的来源，让人误以为是他的思想。这一手法成了他的传统技能，在他后来的所有书中，包括《冲突》，无一不明目张胆地"借鉴"，且隐藏源头。

这本书未能在上海出版，但北京有出版社愿意出版，于是叶茂中在北京成立了自己的公司。1997年，《广告人手记》大卖，在这本书里，叶茂中俨然成了指点广告江山的大师。从那一年开始，叶茂中开始了客户主动找上门的幸福生活。

当时优质的大客户几乎被4A垄断，所以上门而来的客户，基本上都有各种亟待解决的问题，其中以竞争激烈的保健品行业最为特别。保健品行业是早期中国广告人的共同大舞台，诞生了很多品牌神话，太阳神、娃哈哈、三株口服液、脑黄金等无一不是大手笔。叶茂中也加入了这波潮流，用珍奥核酸占领一席之地。

他在查阅资料时，注意到有38位科学家因研究核酸而获得诺贝尔奖。于是他偷换概念，利用社会上普遍对科学家的崇拜，让这些科学家在不知情的情况下为珍奥核酸背书。广告一出，珍奥核酸销量爆增。《叶茂中谈策划》一书中说："找到这个大创意令我们和珍奥人兴奋不已，叶茂中差点晕过去。"

三年后，珍奥核酸被《南方周末》报道为骗局。珍奥核酸在媒体前保持了沉默，一言不发，悄悄将主战场转向会销和直销，珍奥核酸的销量顶着质疑一路走高。

珍奥核酸一战成名，叶茂中意气风发。不久，他就迎来了最风光的"晋江模式"时代。在这个模式中，还有一个在广告界呼风唤雨的人物——郭振玺。郭振玺与叶茂中联合晋江企业，打造了广告业的"晋江模式"：郭振玺提供媒体平台＋叶茂中提供广告创意＋晋江企业出钱请大牌明星。

在郭振玺和叶茂中的推动下，雅克、利郎、安踏、柒牌、七匹狼等晋江品牌均在央视投入重金做广告。在这期间，央视黄金时段广告招标从 2002 年的 33 亿元，到 2003 年的 44 亿元，再到 2004 年的 52 亿元，实现了快速增长。叶茂中也赚得盆满钵满，在他为一众晋江品牌做的策划中，要数柒牌的"男人就应该对自己狠一点"最为经典。

当然，叶茂中并不仅仅是为这些品牌拍广告片，还提供了配套的策划服务。其中最大胆的要数三一重工，这个案例充分体现了他高超的传统技能。

2009 年，三一集团持续了 5 年的腾飞期，被 2008 年金融危机打断。在行业危机下，三一集团请叶茂中出手。三一挖掘机当年销量大概位居全国第六，但在那个年代，普通人查不到各品牌的销量。叶茂中利用普通人无法查证的现实，直接打出了"三一挖掘机，全国销售第一"的口号。

为了让"三一挖掘机，全国销售第一"的口号深入人心，叶茂中精心策划了各种活动，其中一个是在网上有奖问答。问题是"三一挖掘机全国销量是第一还是第二？"回答"第一"，就显示"回答正确"；回答"第二"，就显示"谢谢参加"。那时的人不会质疑答案的正确性，所以答"第一"的人，自然就会记住"三一第一"；而答"第二"的人，会认为自己错了，"原来三一挖掘机的全国销量是第一"。

另一个动作，是拍下每一个来买三一挖掘机的农民的肖像，和三一的产品一起做成年画送给那个客户，年画上自然有"三一挖掘机，全国销售第一"的字样。这些定制年画就进入了千家万户，并被挂在家中最显眼的墙上，由于有客户的肖像，自然就成为邻里串门时的谈资。人们也认为白纸黑字必然是真的。"三一挖掘机，全国销售第一"的名气就打开了。

针对头号竞争对手日本小松，叶茂中不走寻常路。在"9·18"前后举办三一产品推荐会，在回忆走廊上贴满了日军侵华的历史照片。

叶茂中的这些动作，加上三一集团对个体客户放贷迅速抢市场，再加上 2008 年开始的 4 万亿大基建的爆发，三一集团果然实现了全国销量第一。

叶茂中还有一些经典案例，如真功夫、海澜之家、爱华士、滋源等，都有独到的精彩策略，不再一一赘述。

叶茂中晚年将大部分精力投入理论研发中，也许是借鉴了矛盾论，他的理念叫作"冲突"。不得不说，"冲突"这个概念的名字起得是真漂亮！叶茂中认为，一个好广告，关键在于核心诉求是否解决了消费者的核心冲突。冲突的营销思维就是从消费者的角度先找到消费者的冲突，将企业的解决方案打造成消费者冲突的解决方案，广告只是激活冲突并传播解决方案的手段之一。

叶茂中在理论上大丰收后，案例上却没什么大手笔了，因为在2015年和2018年修订广告法之后，他的"传统技能"大多成了广告法违禁词。不过在2018年，叶茂中再一次出山，操刀了世界杯期间的马蜂窝、知乎两大品牌。这一次在网上引来恶评潮，网友称"洗脑庸俗，毫无创意"，叶茂中回应道"越骂我越兴奋"。2021年，知乎十周年之际，将叶茂中提供的口号"有问题，上知乎"撤下，换成了"有问题，就会有答案"。

但这并不算叶茂中的瑕疵，他的瑕疵仅有一次。那一次，叶茂中主动上门，为西贝的贾国龙提供咨询，贾国龙没接招。几年过去，贾国龙在给特劳特、里斯交了几千万元咨询费后，"西贝莜面村"改名为"西贝西北菜"，又改成"西贝烹羊专家"，不断反复，始终欠一把热度。叶茂中又建议"不要搞什么西北菜、烹羊专家之类的花里胡哨的东西，就专注一个莜面，打穿打透"。尽管这是一个极其有效的策略，事实上西贝后来也是这样发展的，但贾国龙硬是没让叶茂中赚到他一分钱。

自此之后，叶茂中坚定了决不主动找客户的原则，在成功的路上一路狂奔。总体而论，叶茂中是一个冲突的矛盾体。一方面，他是自学成才的"宗师"；另一方面，他是诡谋百出的"奸雄"。而贾国龙的钱，最终让下面这家风头正劲的新公司挣了。

华与华：文化母体的血脉压制

1995 年，华杉给王志纲寄了一篇文章，进入了刚刚成立的王志纲工作室。在王志纲工作室近三年的磨砺中，华杉成了一名非常厉害的策划人。1998 年，华杉离开王志纲工作室，到力创广告公司做总经理。华杉到力创的时候，他的弟弟华楠也进了广告业，在著名的英扬传奇干过一阵。两兄弟都是有大志向的人，自然不愿久居人下，于是在 2002 年，共同创办华与华。华杉见识广博，负责外出谈客户；华楠心思专精，负责创意生产，两兄弟配合得天衣无缝。

贾国龙在拒绝了叶茂中之后，最终找到华与华。那时的华与华正以"超级符号"闻名天下。华与华兄弟认为：超级符号是人们本来就熟悉的符号，是蕴藏在人类文化里的"原力"，是隐藏在大脑深处的集体潜意识，将超级符号嫁接给品牌，就能得到超级创意。

华与华官网介绍道，西贝莜面村品牌推广的首要问题，是让顾客认识"莜"字，很多人把它念成"小"。华与华借用"I ❤ NY"这个符号原型，打造了"I ❤ 莜"这个超级符号。"I ❤ 莜"的发音正是"I LOVE YOU"，英文的 you 和中文发音 yóu 几乎一致！用一句全世界都熟知的超级话语，让人认识"莜"字。整个品牌信息浓缩成了一个符号，不仅能让人瞬间建立品牌偏好，还能让人记住品牌名，最大化地降低了传播成本。

当然，西贝的成功还在于它吃到了购物中心兴起的渠道红利。在 2014—2018 年全国购物中心建设潮的窗口期，西贝全力抢驻各购物中心，并凭借改良后的西北菜在重油重盐的商场餐饮中杀出一条路。西贝董事长贾国龙评价"I ❤ 莜"说，这个符号洗去了西北菜天生的土味，让西贝摇身一变成了符合购物中心国际范儿的时尚餐饮。

华与华在广告业还有两个重要贡献。一个是十分重视项目管理，学习丰田的生产方式，对商务、调研、创作、交付全流程进行了规范化。华杉说，做咨询不仅是帮企业做"战略咨询"，同时也是帮企业家做"心理咨询"。企业的很多动作，都来源于企业家的心理焦虑。而规范化的项目推进是解决心理焦虑的良方之一。

另一个贡献，则是让中国的创意输出到全球，华与华在中国为莆田餐厅所做的创意，被莆田运用到全球所有门店。2015 年华与华为莆田首家样板店设计了整套符号系统，在中国激烈竞争的餐饮市场得到了成功的验证。2017 年莆田启动海外市场老店翻新计划，以中国餐厅为样板，进行了全球门店翻新，一举改变了以往海外中餐在全球餐饮市场内老旧、落后的印象。莆田餐厅创始人方志忠说："莆田在国内市场获得的成功，反哺了海外市场。"

莆田餐厅的创意，是中国本土创意第二次大规模出海。第一次大规模出海发生在 2004 年，是上海奥美创作的"Hello Moto"被摩托罗拉运用到全球。

我相信，未来会有更多中国本土广告公司，将伴随中国品牌的全球性开拓，将中国文化、中国创意传递给世界！